新经典高等学校法语专业高年级系列教材

法语国家与地区社会文化

La francophonie : sociétés et cultures

李洪峰 陈 静 编　　Roland Scheiff（比）审订

sociétés
et
cultures

外语教学与研究出版社
北京

图书在版编目(CIP)数据

法语国家与地区社会文化 / 李洪峰，陈静编. -- 北京：外语教学与研究出版社，2020.6（2024.10 重印）
新经典高等学校法语专业高年级系列教材
ISBN 978-7-5213-1853-1

Ⅰ. ①法… Ⅱ. ①李… ②陈… Ⅲ. ①法语－阅读教学－高等学校－教材②法语－国家－文化－概况－世界 Ⅳ. ①H329.4

中国版本图书馆 CIP 数据核字（2020）第 108041 号

地图审图号：GS（2020）1599 号

Nous avons fait notre possible pour obtenir les autorisations de reproduction des documents publiés dans cet ouvrage. Dans le cas où des omissions s'y seraient glissées, veuillez nous contacter et nous y remédierons dans les éditions à venir.

出 版 人　王　芳
责任编辑　朱　雯
责任校对　张　璐
封面设计　高　蕾
出版发行　外语教学与研究出版社
社　　址　北京市西三环北路 19 号（100089）
网　　址　https://www.fltrp.com
印　　刷　河北虎彩印刷有限公司
开　　本　787×1092　1/16
印　　张　13
版　　次　2020 年 7 月第 1 版 2024 年 10 月第 8 次印刷
书　　号　ISBN 978-7-5213-1853-1
定　　价　65.00 元

如有图书采购需求，图书内容或印刷装订等问题，侵权、盗版书籍等线索，请拨打以下电话或关注官方服务号：
客服电话：400 898 7008
官方服务号：微信搜索并关注公众号"外研社官方服务号"
外研社购书网址：https://fltrp.tmall.com

物料号：318530001

前言

进入 21 世纪以来，我国法语教学发展迅速，新的挑战不断出现。课程设置、教学内容、教学方法、考核方式等都在与时俱进，以契合时代特点和我国实施发展战略的人才需求。我国与法国、比利时、瑞士、加拿大等欧美法语国家和 20 多个非洲法语国家全面合作关系的可持续发展，需要一支具有中国情怀和国际视野的法语人才队伍。我国法语教学传统上以法语、法国文学和法国文化为主线，关于法国以外的法语国家社会文化的教学亟待加强。2018 年，教育部发布《普通高等学校本科专业类教学质量国家标准（上）》（以下简称"《国标》"，其中包含外国语言文学类教学质量国家标准），2020 年，《普通高等学校本科外国语言文学类专业教学指南（下）》（以下简称"《指南》"）出版，将法国与法语国家和地区概况列入专业核心课程，并在专业方向课程列表中明确列出法语国家与地区概况这一课型。

北京外国语大学法语语言文化学院于 20 世纪 90 年代初开设法语国家与地区概况专业选修课，至今已经有约 30 年的历史。最早担任该课程教学任务的丁雪英教授和柳利教授将多年的教学经验汇总，编写了教材《法语国家与地区概况》（2006）。笔者从 2006 年开始接手这门课程的教学，在两位老师的帮助和督促下，对课程进行改革，一方面适应法语专业学生学习特点和学习方式的转变，另一方面为了更好地贯彻落实《国标》和《指南》的精神，进一步明确该课程教学在提升学生综合能力方面的预期目标，即：

- 帮助学生了解分布在五大洲的法语国家与地区的政治、经济与文化情况；
- 培养学生法语表达能力和研究能力，掌握搜集、利用和分析资料的方法；
- 拓展国际合作视野，培养跨文化能力，使学生对法语国家与地区的个性问题有一定高度的认识与思考。

经过多年教学实践和思考，也经过与兄弟院校教师及外教的咨询与探讨，本教材方逐步成型。

教材的设计思路

社会文化是一个宽泛的概念，它可以覆盖很多内容：地理位置、历史沿革、人口构成、宗教语言、风俗习惯、经济形势、政治体制、文化政策、外交政策等。此外，法语国家与地区数目众多。截至本书成稿，法语国家与地区国际组织（Organisation internationale de la Francophonie）有 54 个成员、7 个准成员和 27 个观察员。

因此，覆盖面广、内容繁杂是法语国家与地区社会文化课程及本教材所面临的一大挑战。然而，挑战并不止于此。在信息资源极大丰富的当下，互联网已经可以提供给学生关于某对象国（地区）的基础信息。所以，课程内容不能仅仅是基础信息的堆积，必须将基础信息与深度分析、学生的能力运用及口笔语产出相结合，并且实现这种结合的方式又必须要充分考虑学生的实际水平。

基于以上认知和多年的教学实践，《法语国家与地区社会文化》一书采取了"以点带线、以线带面"的编写思路，即选择能够呈现对象国（地区）特性的文化现象作为切入点，如瑞士的中立、比利时的薯条、喀麦隆的多语共存、摩洛哥国王的影响力等，通过法文文本的阅读和分析，有机纳入对象国（地区）的基础概况信息，使文化现象成为基础信息的载体，使基础信息成为理解文化现象的工具。

教材的结构与内容

全书共计 18 课。除了第一章 L'origine de la francophonie 以外，教材其他章节均按地理区域划分，分为欧洲、美洲、非洲三大板块。由于各大洲法语国家（地区）的数量不同，各章节所占篇幅会有所差异。非洲法语国家数量多，而教材容量有限，所以在非洲章节中，所选的研读对象国家尽量覆盖各地理区域（北非、西非、中非和东非）。

为了帮助使用者更深层次地了解法语国家与地区社会文化，在每一课中，除了课文及注释、练习题和知识拓展题以外，我们为具有较高语言水平的学习者提供了学术型阅读参考文献，其中包括一些中文书目，希望能够为有兴趣进行相关研究的学生提供一些深入研读的思路。在每个单元末尾，我们还安排了知识小测验，既考查对教材内容的理解，也借机补充一些教材中没有机会涉及的知识点，鼓励学习者通过自主查找信息进一步积累关于法语世界的知识。

本教材还特意设计了国别地区概况卡（Fiches pays），以非常浓缩的方式呈现出基础信息。该部分收录了法语作为官方语言或官方语言之一的国家，以及法语具有特殊地位（行政语言、教学语言）的国家（如北非三国和黎巴嫩）。其中还包括几个法语国家与地区国际组织的地方政府成员（如魁北克省和瓦隆—布鲁塞尔大区）。此外，附录中的世界各国及其首都、居民和官方语言列表帮助学习者全面掌握相关词汇，还可用于自测和信息查询。

选材的考量

文本的选择是本教材在编写过程中遇到的最大困难。

首先是国别的选择。40多个法语国家与地区，其地理位置、历史文化、法语在该国的地位和发展状况等千差万别。根据一学期的课时进行编排，最多只能选择16—18篇。最终更多的是在非洲法语国家间进行了取舍，北非、西非、中东非分别选择了3—4个国家。在国家选择上，作者的个人兴趣点以及文本本身的主题和难度都是影响因素。

其次是主题的选择。从教材的整体设计上讲，编者希望能够兼顾普遍性的主题，如法语的区域特色、战争与和平、风俗、政治、经济、地区一体化、人文地理、历史及人物等等。但一旦落实到具体的国家，往往会取决于选材过程中遇到的主题，也受到偶然因素的影响，如对象国（地区）的学者恰好可以提供合适的文本和主题。

最后是需要兼顾文本的难度、长度和信息量。不论是从语言角度看还是从内容角度看，本教材选取文本的难度都很难做到完全一致。当专业名词、生词和历史事件较多时，文本往往显得比较艰深。为了方便阅读，作者采取了将生词列于文本一侧、内容注释置于页底的方式。但这些文本遇到兴趣点不一、学习能力有差异的使用者时，就会出现不同的理解和接受效果。

此外，配图也是教材编写中遇到的一大难题，所幸很多热心的同事、学生和朋友提供了他们在欧洲、非洲、美洲亲手拍下的美图，这些图片并不一定与文字完全对应，更多的是展示对象国（地区）的风土人情。

教材的使用建议

本教材的自我定位是一扇通向法语国家与地区社会文化的大门，重在打开视野，培养研究精神。学习者通过对文本的研读和思考，形成对法语国家与地区社会文化的初步认知，并主动发现更多元、更深层次的文化主题。因此，本教材不是一本精读教材，没有必要采用精读课程的学习方法。编者谨做如下建议：

- 结合国别地区的基本信息，将重点放在对文本基本内容的理解上。
- 对于难度相对较小的文本，可以更多地进行知识拓展。反之，则可以向文本本身的理解倾斜。
- 法语国家与地区的历史和现实多元而复杂，需要摒弃成见，需要有兼容并蓄的精神，才能够更好地理解对象国（地区）及其社会文化现象的缘由和内涵。教师在教学中既要鼓励学生理解和接纳不同的文化，增加开放度，同时也要提醒学生，对文本的学习不意味着对其所有内容或观点的全盘机械吸收。
- 拥有不同教/学目标的教师和学习者可以有不用的使用方法。使用者可以根据本人的文化积累，借助于其他文本或视频材料，采用讨论、辩论、学生自主研究等不同的教/学手段，灵活运用本教材所提供的文本和练习。这是一门可以充分发挥学生主动性的课程，但前提是教师要与学生并肩而行。

本教材在编写过程中，得到了一些机构的支持，如法兰西学术院、加拿大魁北克省国际关系与法语国家地区事务部等，也得到了来自北非、西非、中非等国以及法国作者的热情帮助。对于这些大多素未谋面的学者们的相助，编者感怀于心。小部分文本尚未能联系到作者或相关出版机构，希望作者可以与编者或出版社联系。

北京外国语大学法语语言文化学院外教 Roland Scheiff 博士和中国社会科学院西亚非洲所王洪一副研究员为本教材的审阅做出了贡献，在此致以衷心感谢。丁雪英教授和柳利教授是法语国家与地区概况课程的始创者，是编者的引路人，借此机会也向两位致敬。

同时，感谢为本教材提供图片的同事、学生和朋友们，他们的名字已经标注在教材当中；感谢外研社孟贤颖、朱雯等编辑老师为教材编写所做的调研、补充和加工工作以及对编者的信任和支持；感谢我的学生李东旭、杜怡濛、沈艳丽、单志斌参与本教材的素材整理工作。

最后，感谢多年来选修法语国家与地区概况课程的学生们，他们的好奇心和勤勉一直促进着这门课的完善。

正因以上所有人的帮助，这本教材才得以将法语世界的丰富性展现一二。

由于编者水平有限，难免疏漏，敬请包容与指正。

编 者
2020 年 5 月

目录

Unité 1   L'origine de la francophonie   / 1
   Leçon 1   Du françois au français   / 2
   Leçon 2   L'histoire de la francophonie   / 7
   Quiz   / 12

Unité 2   L'Europe   / 15
   Leçon 3   La Belgique enfin unie... pour défendre la frite   / 16
   Leçon 4   Le Luxembourg dans la construction européenne   / 21
   Leçon 5   L'histoire de la neutralité suisse   / 27
   Quiz   / 33

Unité 3   L'Afrique du Nord   / 37
   Leçon 6   La question de la mémoire, une plaie encore à vif   / 38
   Leçon 7   Mohammed VI, itinéraire d'un roi   / 44
   Leçon 8   Les oliviers dans le paysage de la Tunisie   / 51
   Quiz   / 58

Unité 4   L'Afrique de l'Ouest   / 61
   Leçon 9   La femme dans les mythes de Côte d'Ivoire   / 62
   Leçon 10   Le financement de la culture au Mali   / 68
   Leçon 11   L'évolution politique du Niger   / 73
   Leçon 12   Le portable, un instrument qui révolutionne les mœurs au Sénégal   / 79
   Quiz   / 85

Unité 5   L'Afrique centrale et l'Afrique de l'Est   / 89
   Leçon 13   Yaoundé, terre d'immigrés, ville hospitalière   / 90
   Leçon 14   Inga, le plus grand barrage hydroélectrique du monde, encore à l'état de projet   / 96

Leçon 15   L'histoire brève du Tchad   / 102

Leçon 16   Le mariage traditionnel : le folklore se perpétue encore   / 108

Quiz   / 114

Unité 6   **L'Amérique**   / 117

Leçon 17   Un territoire, une langue officielle, un fleuve majestueux   / 118

Leçon 18   Le créole haïtien   / 124

Quiz   / 130

Annexes   / 133

Fiches pays   / 133

Membres de l'OIF   / 176

Pays – Capitale – Gentilé – Langue(s) officielle(s)   / 178

Corrigés   / 187

Remerciements   / 193

Unité

1

L'origine de la francophonie

La tour Eiffel

L'Académie française

Leçon 1

Du françois au français

françois *n.m.* 〔古〕法语

sceller *v.t.* 巩固，确认

une multitude de…
大量的……

Le français est une langue romane. Sa grammaire et la plus grande partie de son vocabulaire sont issues des formes orales et populaires du latin, telles que l'usage les a transformées depuis l'époque de la Gaule romaine[1]. Les *Serments de Strasbourg*[2], qui scellent en 842 l'alliance entre Charles le Chauve et Louis le Germanique, rédigés en langue romane et en langue germanique, sont considérés comme le plus ancien document écrit en français.

Au Moyen Âge, la langue française est faite d'une multitude de dialectes qui varient considérablement d'une région à une autre. On distingue principalement les parlers d'oïl (au Nord) et les parlers d'oc (au Sud)[3]. Avec l'établissement et l'affermissement de la monarchie capétienne[4], c'est la langue d'oïl qui s'impose progressivement. (…)

Malgré la progression continue du français, cette coexistence se prolonge jusqu'au XVIIe siècle, et même bien plus tard dans le monde de l'Université et dans celui de l'Église.

---

1. **l'époque de la Gaule romaine**：指高卢被罗马占领的时期，即公元前 1 世纪中叶恺撒征服高卢到公元 5 世纪末左右，其所覆盖的地理范围包括现在的法国、比利时以及瑞士等国的部分地区。公元 486 年，法兰克人克洛维（Clovis）消灭西罗马帝国在北高卢的残余势力，进一步巩固墨洛温王朝（les Mérovingiens）的统治。

2. ***Serments de Strasbourg***：《斯特拉斯堡誓词》。虔诚者路易（Louis le Pieux，查理大帝的儿子）去世，他的三个儿子发生矛盾，长子洛泰尔（Lothaire）要保持帝国完整，希望称帝，但两个弟弟要求平分土地，并于 842 年在斯特拉斯堡进行宣誓，联手反对洛泰尔。后三兄弟瓜分帝国，由此出现法德意三国的雏形。《斯特拉斯堡誓词》是迄今为止保存的最早的法语文献。

3. **les parlers d'oïl (au Nord) et les parlers d'oc (au Sud)**：中古时期在法国使用的语言按区域划分为三种：两个大的种类为北部的奥依语和南部的奥克语，第三种语言为法兰克－普罗旺斯语（franco-provençal）。具体分布见右图。

4. **la monarchie capétienne**：987 年，于格·卡佩（Hugues Capet）成为法兰西国王，标志着卡佩王朝的开始。

L'extension de l'usage du français (et, qui plus est, d'un français qui puisse être compris par tous) est proportionnelle, pour une large part, aux progrès de l'administration et de la justice royales dans le pays. Inversement, l'essor de la langue française et la généralisation de son emploi sont des facteurs déterminants dans la construction de la nation française.

inversement adv. 反向地

Deux articles de l'ordonnance de Villers-Cotterêts[5], signée par François Ier en août 1539, donnèrent une assise juridique à ce processus. (...) Ce texte fondateur doit être rapproché de la *Deffence et Illustration de la langue françoyse* (1549). Le manifeste du groupe qu'on appellera plus tard la « Pléiade »[6] proclame, exactement dix ans après l'ordonnance de Villers-Cotterêts, l'excellence et la prééminence du français en

ordonnance n.f. 敕令；法令

assise n.f. 基础，根据

manifeste n.m. 宣言，声明

prééminence n.f. 杰出，优越

L'Hôtel de ville

---

5 **l'ordonnance de Villers-Cotterêts**：维莱科特雷法令，由法国国王弗朗索瓦一世于 1539 年 8 月 10 日至 8 月 25 日期间在维莱科特雷小城颁布。该法令首次将法语确立为法律和行政领域的官方语言。

6 **la « Pléiade »**：七星诗社，法国 16 世纪中期的著名文学团体，由 7 位人文主义诗人组成，其中最为著名的是皮埃尔·德·龙萨（Pierre de Ronsard, 1524—1585）和若阿基姆·杜·贝莱（Joachim Du Bellay, 1522—1560）。他们力主法语改革，为法语的发展和规范化做出了重大贡献。杜·贝莱于 1549 年发表的《保卫与发扬法兰西语言》（*La Défense et illustration de la langue française*）一文，即本文中的 *Deffence et Illustration de la langue françoyse*，表达了七星诗社的主张，提出法语完全可以与希腊语、拉丁语媲美，法语应吸取不同养分以丰富自我。

résolu, e *adj.* 坚决的	matière de poésie. On le voit, l'attachement résolu à la langue française répond à une exigence à la fois politique, juridique et littéraire.
	(…)
	C'est la même exigence qui conduit à la création de l'Académie française en 1635. Selon les termes de Marc Fumaroli[7], Richelieu[8] a fondé l'Académie pour « donner à l'unité du royaume forgée par la politique une langue et un style qui la symbolisent et la cimentent ».
cimenter *v.t.* 巩固，加强	
dispositif *n.m.* 机制	Le dispositif imaginé par Richelieu était si parfait qu'il a franchi les siècles sans modification majeure : le pouvoir politique ne saurait sans abus intervenir directement sur la langue ; il laisse donc à une assemblée indépendante, dont le statut est analogue à celui des cours supérieures, le soin d'enregistrer, d'établir et de régler l'usage. En matière de langage, l'incitation, la régulation et l'exemple sont des armes bien plus efficaces que l'intervention autoritaire.
être analogue à... 与……相似	
cour *n.f.* 法庭	
régulation *n.f.* 调节	
	L'éclat et la puissance de la monarchie française, le raffinement de la culture, les perfectionnements apportés à la langue par l'Académie et les grammairiens, l'influence non négligeable des populations protestantes émigrées, font que le français déborde rapidement, aux XVIIe et XVIIIe siècles, le cadre de la nation. C'est la langue de l'aristocratie et des personnes cultivées dans tout le Nord de l'Europe, en Allemagne, en Pologne, en Russie... C'est aussi la langue de la diplomatie. Tous les grands traités sont rédigés en français, alors qu'ils l'étaient auparavant en latin. L'empire de la langue française dépasse largement (et c'est une constante) l'empire politique et économique de la France.
émigré, e *adj.&n.* 移居国外的（人）	
déborder *v.t.* 超出范围	

Extrait du français aujourd'hui, Académie française

7　Marc Fumaroli：马克·富马罗利（1932—　），法国历史学家、评论家，法兰西公学院（le Collège de France）教授，1995 年入选法兰西学术院院士。

8　Richelieu：全名为 Armand Jean du Plessis de Richelieu（阿尔芒·让·迪普莱西·德·黎塞留，1585—1642），政治家、外交家，法兰西国王路易十三的枢密院首席大臣。他所创立的法兰西学院对法语的规范化和法语的传播做出了杰出贡献。

Compréhension du texte

I. Compréhension générale :

1. Quelle est l'origine du français ancien ? En quoi les *Serments de Strasbourg* sont-ils importants dans l'histoire du français et celle de France ?

2. Combien de rois ont été évoqués dans le texte ? Quelle est la contribution de chacun au développement du français ?

3. Quelle est la situation du français au Moyen Âge ? Sous la monarchie capétienne, de quel statut les parlers d'oïl jouissent-ils ?

4. L'ordonnance de Villers-Cotterêts et la *Deffence et Illustration de la langue françoyse* ont contribué chacun à l'extension du français, pourriez-vous expliquer leur rôle respectif ?

5. Connaissiez-vous la Pléiade avant la lecture de ce texte ? Dans quelle mesure ces écrivains et poètes ont-ils contribué au statut de la langue française ?

6. Quelles sont les fonctions de l'Académie française ? S'agit-il d'une intervention autoritaire pour faire développer la langue française ? Pourquoi ?

7. Quand et comment le français commence-t-il à rayonner en Europe ? Et pour quelles raisons ?

II. Traduisez les phrases suivantes en chinois :

1. Le français est une langue romane. Sa grammaire et la plus grande partie de son vocabulaire sont issues des formes orales et populaires du latin, telles que l'usage les a transformées depuis l'époque de la Gaule romaine.

2. L'extension de l'usage du français (et, qui plus est, d'un français qui puisse être compris par tous) est proportionnelle, pour une large part, aux progrès de l'administration et de la justice royales dans le pays.

3. Le dispositif imaginé par Richelieu était si parfait qu'il a franchi les siècles sans modification majeure : le pouvoir politique ne saurait sans abus intervenir directement sur la langue ; il laisse donc à une assemblée indépendante, dont le statut est analogue à celui des cours supérieures, le soin d'enregistrer, d'établir et de régler l'usage.

4. L'éclat et la puissance de la monarchie française, le raffinement de la culture, les perfectionnements apportés à la langue par l'Académie et les grammairiens, l'influence non négligeable des populations protestantes émigrées, font que le français déborde rapidement, aux XVIIe et XVIIIe siècles, le cadre de la nation.

Extension

Sujets d'exposé, d'activité ou de dissertation :
- Quel rôle joue la langue dans le développement d'un pays ? Expliquez les liens entre l'essor de la langue française et la construction de l'identité française.
- Que peut faire un gouvernement dans la promotion de la langue nationale ?

Pour approfondir vos connaissances

- CHAURAND, Jacques. *Histoire de la langue française*. Paris : Presses Universitaires de France, 2006.
- PERRET, Michèle. *Introduction à l'histoire de la langue française*. Paris : Armand Collin, 2016.
- 王明利，盖莲香. 法语简史 [M]. 北京：外语教学与研究出版社，2013.

L'histoire de la francophonie

Leçon 2

concept *n.m.* 概念

À l'origine, à la fin du XIXe siècle, la francophonie était un concept essentiellement linguistique. Le mot « francophonie » est en effet apparu pour la première fois en 1880 dans l'ouvrage *France, Algérie et colonies* du géographe français Onésime Reclus (1837-1916). Cependant, ce n'est pas le terme de « francophonie » qui est défini mais plutôt celui de « francophone ». Sont francophones « tous ceux qui sont ou semblent destinés à rester ou à devenir participants de notre langue ».

Cette première francophonie rassemble donc les parlants français, qui sont nombreux dans le monde, du fait tout particulièrement du rayonnement de la France par sa langue, ses idéaux, sa puissance, de l'engagement de l'État français pour la diffusion de sa langue et de sa culture, de l'impact des deux colonisations françaises[1] et la colonisation belge[2], des coopérations bilatérales postindépendance.

impact *n.m.* 影响
post- *préf.* 表示"后"的意思

(...)

renouveau *n.m.* 复兴

Tombé dans l'oubli, le terme connaît un renouveau dans les années 60 dans le contexte des « jeunes indépendances ».[3] Bon gré mal gré, les choses changent. Au-delà de la dimension purement linguistique, la francophonie se définit alors progressivement grâce à ses « pères fondateurs » : Léopold Sédar Senghor, Habib Bourguiba et Norodom

---

1 法国殖民史有两个重要阶段：一是法国大革命和拿破仑帝国时期，涉及的地理区域主要包括北美、安的列斯群岛、印度和非洲部分地区等；二是1830年之后的殖民时期，一直持续到20世纪上半叶，主要区域包括非洲地区、亚洲越南等地。

2 1884年至1885年，柏林会议将刚果划为比利时国王的"私人采地"，称"刚果自由国"，后改称"比属刚果"，即现在的刚果民主共和国。

3 20世纪60年代是非洲独立运动高潮时期。1960年独立的非洲国家达17个之多，所以这一年被称为"非洲独立年"。

métissage *n.m.* 混合	Sihanouk.⁴ C'est une communauté culturelle partageant des valeurs communes, un idéal d'humanisme et de métissage. La francophonie, c'est, selon Senghor, « cet humanisme intégral, qui se tisse autour de la
symbiose *n.f.* 共生	terre ; cette symbiose des énergies dormantes de tous les continents, de toutes les races, qui se réveillent à leur chaleur complémentaire ».

(...)

Mais la mise en place de cette deuxième francophonie a été particulièrement lente. (...) Dans les premiers temps, entre 1950 et 1970, la francophonie a été associative. On retiendra en particulier la naissance en 1950 de l'Association internationale des journalistes de langue française (AIJLF), celle de l'Association des universités partiellement ou entièrement de langue française (AUPELF) en 1961, de l'Association internationale des parlementaires de langue française (AIPLF) en 1967 et du Conseil international de la langue française (CILF) en 1968.

associatif, ve *adj.* 协会性质的

Le premier organisme intergouvernemental de la Francophonie[5], l'Agence de coopération culturelle et technique (ACCT), n'a été créé qu'en 1970 à Niamey (Niger). Certes, cette Agence n'était pas le « Commonwealth[6] à la française », car, comme sa dénomination l'indiquait, elle ne s'occupait, en principe, que de la coopération culturelle et technique. (...) En tant qu'entité géopolitique, la Francophonie est véritablement née lors de la Conférence des chefs d'État et de gouvernement des pays ayant en commun l'usage du français à Versailles, en 1986, mais c'est à partir du Sommet de Beyrouth, en 2002, qu'a commencé à émerger le concept de troisième francophonie.

entité *n.f.* 实体

émerger *v.i.* 出现

La troisième francophonie, celle du XXIᵉ siècle, est, au sein de la mondialisation, un pôle d'équilibre et de régulation, un acteur de la

---

4 利奥波德·塞达尔·桑戈尔（1906—2001），塞内加尔首任总统，政治家、诗人、文学理论家。哈比卜·布尔吉巴（1903—2000），突尼斯首任总统。诺罗敦·西哈努克（1922—2012），柬埔寨前国王。此外，尼日尔前总统哈马尼·迪奥里（Hamani Diori，1916—1989）也是一位积极促成法语国家与地区合作的国家领导人。

5 首字母大写的 Francophonie 特指法语国家与地区合作的组织机制。

6 **Commonwealth**：英联邦，包括 53 个主权国家，其成员大多是前英国殖民地或者保护国。

mondialisation culturelle. On ne peut l'envisager seulement comme une réalité sociolinguistique. C'est une « union géoculturelle », c'est-à-dire un ensemble culturel, organisé et transversal, d'États et de gouvernements ayant en partage une langue, voué au troisième dialogue, celui des cultures, antidote pacifique au choc des civilisations.

Avec la troisième francophonie, on passe des communautés postcoloniales aux ensembles mondialisés d'échange et de dialogue interculturel ; on cesse de regarder dans le rétroviseur pour se consacrer à l'avenir et se placer dans la mondialisation ; on quitte définitivement la problématique coloniale. La « communauté organique » voulue par Senghor dès 1981 en était la préfiguration. C'est aussi un espace de solidarité au niveau mondial car le dialogue des cultures n'est possible que dans un contexte de partage et de co-développement.

Extrait de *Francophonie et mondialisation*,
Trang Phan & Michel Guillou, Belin, 2011

transversal, e *adj.*	横向的
vouer *v.t.*	把……献给
antidote *n.m.*	解毒剂，解毒药
rétroviseur *n.m.*	后视镜
problématique *n.f.*	论题
préfiguration *n.f.*	预兆

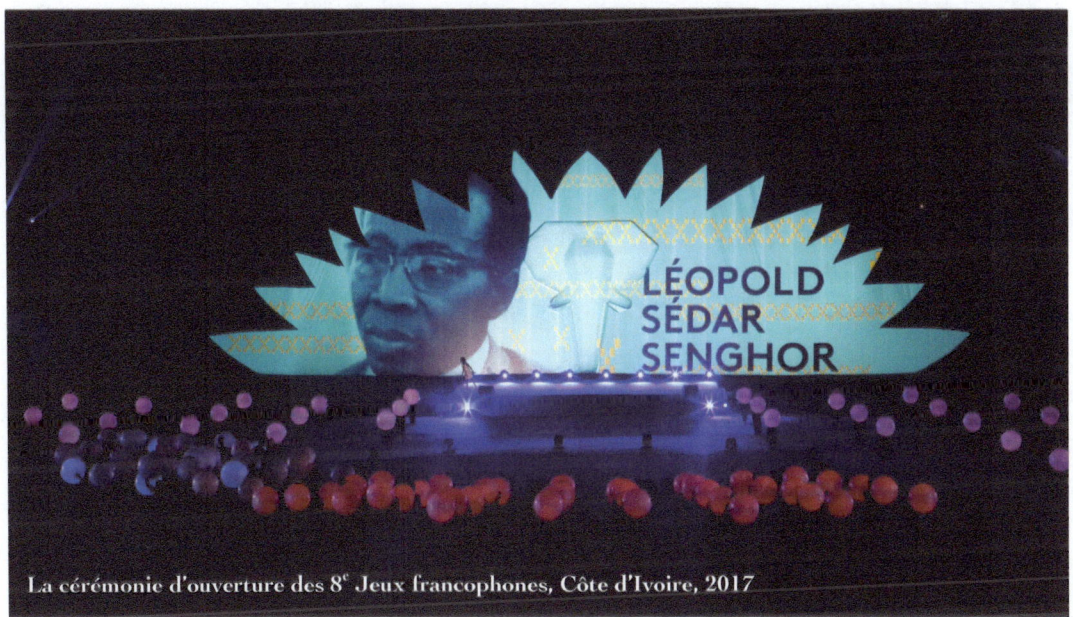

La cérémonie d'ouverture des 8ᵉ Jeux francophones, Côte d'Ivoire, 2017

Compréhension du texte

I. Compréhension générale :

1. Quelle est l'origine du mot « francophonie » ? Que signifie le terme « francophone » ?

2. Comment expliquer le nombre important de francophones dans le monde actuel ?

3. En quoi consiste l'importance particulière des années 60 dans l'histoire de la francophonie ? Quelle est la définition de la deuxième francophonie ? Dans celle donnée par Léopold Sédar Senghor, que veut dire l'expression « leur chaleur complémentaire » ?

4. La deuxième francophonie a été associative entre 1950 et 1970, donnez-nous des exemples concrets.

5. Présentez le premier organisme intergouvernemental de la Francophonie.

6. Qui a participé à la conférence de 1986 tenue à Versailles ? Et à quoi leurs efforts ont-ils abouti ?

7. Que signifie la troisième francophonie ? Quel rôle jouera-t-elle au sein de la mondialisation ?

8. Selon l'auteur, la page de « la problématique coloniale » est d'ores et déjà tournée, partagez-vous son avis ?

II. Traduisez ces phrases en chinois :

1. Sont francophones « tous ceux qui sont ou semblent destinés à rester ou à devenir participants de notre langue ».

2. La francophonie, c'est, selon Senghor, « cet humanisme intégral, qui se tisse autour de la terre ; cette symbiose des énergies dormantes de tous les continents, de toutes les races, qui se réveillent à leur chaleur complémentaire ».

3. La troisième francophonie, celle du XXIe siècle, est, au sein de la mondialisation, un pôle d'équilibre et de régulation, un acteur de la mondialisation culturelle.

4. C'est une « union géoculturelle », c'est-à-dire un ensemble culturel, organisé et transversal, d'États et de gouvernements ayant en partage une langue, voué au troisième dialogue, celui des cultures, antidote pacifique au choc des civilisations.

5. Avec la troisième francophonie, on passe des communautés postcoloniales aux ensembles mondialisés d'échange et de dialogue interculturel ; on cesse de regarder dans le rétroviseur pour se consacrer à l'avenir et se placer dans la mondialisation ; on quitte définitivement la problématique coloniale.

Extension

Sujets d'exposé, d'activité ou de dissertation :
- La connotation du terme « francophonie » a évolué depuis son apparition. En quoi consiste cette évolution ?
- Comment la Francophonie fonctionne-t-elle ?
- Dans le contexte de la mondialisation, qui sera le plus grand bénéficiaire de la francophonie ? Pourquoi ?

Pour approfondir vos connaissances

- BARRAQUAND, Hervé. « Présentation de l'organisation internationale de la francophonie », *Hermès, La Revue*, 2004/3 (N° 40), p. 18-24.
- FARANDJIS, Stélio. « Repères dans l'histoire de la francophonie », *Hermès, La Revue*, 2004/3 (N° 40), p. 49-52.
- ALBERT, Christiane (sous la direction de). *Francophonie et identités culturelles*. Paris : Éditions Karthala, 1999.

Quiz

1. De quelle langue le français est-il directement issu ?
   - ☐ A. L'anglais.
   - ☐ B. Le latin.
   - ☐ C. Le grec.

2. Dans quelle région étaient parlées les langues d'oc ?
   - ☐ A. Dans le sud.
   - ☐ B. Dans le nord.
   - ☐ C. Au centre.

3. Quand l'ordonnance de Villers-Cotterêts a-t-elle été promulguée ?
   - ☐ A. En 1539.
   - ☐ B. En 842.
   - ☐ C. En 1792.

4. Quel roi a promulgué l'ordonnance de Villers-Cotterêts ?
   - ☐ A. Charles le Chauve.
   - ☐ B. Louis XIV.
   - ☐ C. François Ier.

5. Que revendiquait le manifeste de la « Pléiade » ?
   - ☐ A. L'excellence et la prééminence du français en matière de poésie.
   - ☐ B. L'usage du français dans les textes juridiques.
   - ☐ C. Le monopole du français dans la création littéraire.

6. À quelle époque apparaissent les premiers dictionnaires de langue française ?
   - ☐ A. Au XVIe siècle.
   - ☐ B. Au XVIIIe siècle.
   - ☐ C. Au XXe siècle.

7. Qui fixe l'orthographe et la définition correctes des mots français ?
   - ☐ A. Le roi.
   - ☐ B. L'Académie française.
   - ☐ C. La noblesse.

8. À partir de quand peut-on dire que le français moderne est parlé en France ?
   - ☐ A. Au XVIIe siècle.
   - ☐ B. Au XIXe siècle.
   - ☐ C. Au XXe siècle.

9. Dans quel pays le français était-il parlé aux XVIIe et XVIIIe siècles ?
   - ☐ A. En Russie.
   - ☐ B. En Chine.
   - ☐ C. En Australie.

10. Quelle était la profession d'Onésime Reclus ?
    - ☐ A. Homme politique.
    - ☐ B. Géographe.
    - ☐ C. Historien.

11. En quelle année le terme « francophonie » est-il employé pour la première fois ?
    - ☐ A. En 1920.
    - ☐ B. En 1880.
    - ☐ C. En 1900.

12. Qu'est-ce c'est que l'OIF ?
    - ☐ A. L'Organisation institutionnelle de la Francophonie.
    - ☐ B. L'Organisation internationale de la Francophonie.
    - ☐ C. L'Organisme international francophone.

13. Quel est le premier organisme intergouvernemental de la Francophonie ?
    - ☐ A. L'Association internationale des journalistes de langue française.
    - ☐ B. L'Agence de coopération culturelle et technique.
    - ☐ C. L'Association internationale des parlementaires de langue française.

14. Combien y avait-il de francophones dans le monde selon l'OIF en 2020 ?
    - ☐ A. 120 millions.
    - ☐ B. 274 millions.
    - ☐ C. 300 millions.

15. Qui est devenu en 2019 secrétaire général de l'OIF ?
    - ☐ A. Abdou Diouf.
    - ☐ B. Michaëlle Jean.
    - ☐ C. Louise Mushikiwabo.

16. Dans quelle ville s'est tenu le premier Sommet de la Francophonie en 1986 ?
    - ☐ A. À Paris.
    - ☐ B. À Cotonou.
    - ☐ C. À Alexandrie.

17. En commémoration de quel événement la date du 20 mars a-t-elle été choisie comme Journée internationale de la Francophonie ?
    - ☐ A. La signature du traité portant création de l'Agence de coopération culturelle et technique.
    - ☐ B. La naissance de l'Académie française.
    - ☐ C. La création de TV5Monde.

18. Quelle est la fréquence des Sommets de la Francophonie par l'OIF ?
    - ☐ A. Tous les ans.
    - ☐ B. Tous les 2 ans.
    - ☐ C. Tous les 5 ans.

19. Quelle organisation internationale a le français comme seule langue officielle ?
    - ☐ A. UPU (Union postale universelle).
    - ☐ B. UNESCO (Organisation des Nations unies pour l'éducation, la science et la culture).
    - ☐ C. ONU (Organisation des Nations unies).

20. De quel pays est originaire Habib Bourguiba, un des pères fondateurs de la Francophonie ?
    - ☐ A. Du Maroc.
    - ☐ B. De la Tunisie.
    - ☐ C. Du Cambodge.

21. De quel pays Niamey, où l'Agence de coopération culturelle et technique a vu le jour, est-il la capitale ?
    - ☐ A. Du Mali.
    - ☐ B. Du Nigeria.
    - ☐ C. Du Niger.

22. Quel grand musée parisien abrite l'un des plus grands fonds d'art africain dans le monde ?

   ☐ A. Le Musée du quai Branly.

   ☐ B. Le Louvre.

   ☐ C. L'Institut du monde arabe.

23. En quelle année la chaîne TV5Monde a-t-elle été créée ?

   ☐ A. En 1984.   ☐ B. En 1985.   ☐ C. En 1988.

24. Sur combien de continents le français est-il parlé ?

   ☐ A. 3.   ☐ B. 4.   ☐ C. 5.

25. Lequel des pays suivants n'est pas membre de l'OIF ?

   ☐ A. L'Algérie.   ☐ B. La Mauritanie.   ☐ C. Le Liban.

26. Dans quelle ville le Sommet de la Francophonie de 2018 a-t-il eu lieu ?

   ☐ A. À Tunis.   ☐ B. À Erevan.   ☐ C. À Antananarivo.

27. Où l'édition 2017 des Jeux de la Francophonie a-t-elle eu lieu ?

   ☐ A. À Paris.   ☐ B. À Abidjan.   ☐ C. À Dakar.

28. Où le siège général de l'OIF se trouve-t-il ?

   ☐ A. À Niamey.   ☐ B. À Bruxelles.   ☐ C. À Paris.

29. Qui a pris, dans les années 70, l'initiative de créer l'Association internationale des maires francophones ?

   ☐ A. Jacques Chirac.   ☐ B. François Mitterrand.   ☐ C. Lionel Jospin.

30. Lequel des pays suivants n'est pas un pays observateur de l'OIF ?

   ☐ A. Le Japon.   ☐ B. La Thaïlande.   ☐ C. La Corée du Sud.

Unité 2

L'Europe

Waterloo au crépuscule

Leçon 3

La Belgique enfin unie... pour défendre la frite

croquant, e *adj.* 脆的，嚼起来发出响声的

doré, e *adj.* 金黄的

glorification *n.f.* 赞颂

Qu'elle soit croquante, un peu dorée ou très salée : en Belgique, on ne rigole pas avec la frite. Les Belges, qui assurent que la pomme de terre cuite dans l'huile est née chez eux, lui ont déjà consacré un musée, le seul au monde. Mais ils veulent aller plus loin dans la glorification de leur plat national. Les trois Communautés de Belgique, néerlandophone, francophone et germanophone, ont décidé de s'unir le temps de faire inscrire la frite belge au patrimoine culturel immatériel de l'UNESCO.

frituriste *n.* 薯条店主

L'initiative a été lancée par l'Union Nationale des Frituristes (Unafri). Cette dernière a d'abord déposé un dossier de reconnaissance de la frite auprès de la Flandre[1]. La région néerlandophone du nord du pays a été donc la première à inscrire le célèbre plat à la liste de son « patrimoine immatériel[2] » il y a un an. Il reste à convaincre les deux autres communautés du royaume[3] car « pour faire la demande auprès de l'UNESCO, il faut que tout le pays reconnaisse la frite », explique l'Unafri. L'objectif est quasiment atteint : d'après le ministre wallon de l'Agriculture René Collin, la Fédération Wallonie-Bruxelles et la Communauté germanophone s'apprêtent à

---

1 比利时使用两个并行的行政区划体系，一个是"语区"（communauté linguistique），另一个是"大区"（région）。三个语区分别是法语区（la Communauté française）、弗拉芒语区（la Communauté flamande）和德语区（la Communauté germanophone）。三个大区分别是瓦隆大区（la Région wallonne）、布鲁塞尔首都大区（la Région de Bruxelles-Capitale）和弗拉芒大区（la Région flamande）。语区和大区各自拥有对特定领域事务的管理权限。

2 patrimoine immatériel：非物质文化遗产。联合国教科文组织于2003年10月通过《保护非物质文化遗产公约》（Convention pour la sauvegarde du patrimoine culturel immatériel）。根据该公约中的定义，非物质文化遗产是指被各社区、群体、有时是个人视为其文化遗产组成部分的各种社会实践、观念表述、表现形式、知识、技能以及相关的工具、实物、手工艺品和文化场所。

3 比利时全称为"比利时王国"（Royaume de Belgique），政体为君主立宪制。

reconnaître à leur tour la culture de la frite belge dans leur patrimoine immatériel.

L'Unafri cherche en parallèle à obtenir le soutien de toute la nation belge. Une pétition a été lancée à l'occasion de la semaine de la frite qui débute ce lundi sous le slogan « Tous ensemble pour notre frite belge ! ». Jusqu'au 7 décembre, des cornets de frites seront distribués gratuitement dans les friteries et autres baraques à frites du royaume. « On doit veiller à associer tous les fritophiles du pays. La culture frituresque nous appartient à tous », explique Bernard Lefèvre, président d'Unafri, dans un journal local.

S'ils parviennent à convaincre l'UNESCO, les Belges permettront à leur frite de rejoindre entre autres « le repas gastronomique des Français », inscrit au patrimoine immatériel depuis 2010. La frite belge, aussi réputée que le chocolat ou la bière du royaume, entrera alors « dans l'Histoire », assurent ses défenseurs.

en parallèle *loc.adv.*	同时
pétition *n.f.*	请愿书
cornet *n.m.*	锥形纸袋
fritophile *n.*	薯条爱好者
frituresque *adj.*	薯条的
entre autres *loc.adv.*	尤其是，特别是

Une friterie belge

Mais l'enjeu est surtout de donner une reconnaissance à l'économie de la frite en Belgique. D'après l'Unafri, le royaume compte cinq mille friteries dans lesquelles plus de 90% des Belges se rendent « au moins une fois par an ». Rien qu'en Wallonie, les frituristes traitent chaque jour 130 000 kilos de pommes de terre. La Belgique revendique la place de premier producteur mondial de produits transformés à base de pommes de terre. En 2011, 3,2 milliards de kilos de pommes de terre ont été transformés, selon la fédération de l'industrie alimentaire.

Hayat Gazzane
Le Figaro, le 1er décembre 2014

La Grande Place de Bruxelles

Compréhension du texte

I. Compréhension générale :

1. Quel est le plat national pour les Belges ? Qu'est-ce qu'ils ont déjà fait pour sa glorification ? Et que vont-ils encore faire ?
2. Combien de langues parle-t-on en Belgique ? Connaissez-vous des mots qui désignent une communauté parlant une langue donnée, autres que « néerlandophones », « francophones » et « germanophones » ?
3. Où se situe la Flandre ? Qu'est-ce qui figure sur la liste de son « patrimoine immatériel » ?
4. Que reste-t-il à faire pour faire inscrire la frite au patrimoine culturel immatériel de l'UNESCO ? Où en est la situation selon le texte ?
5. Qu'est-ce que l'Unafri a fait pour obtenir le soutien de toute la nation belge ?
6. Comment l'économie de la frite se porte-t-elle en Belgique ?
7. D'après vous, dans le titre du texte, pourquoi il y a le mot « enfin » ?

II. Traduisez les phrases suivantes en chinois :

1. Il reste à convaincre les deux autres communautés du royaume car « pour faire la demande auprès de l'UNESCO, il faut que tout le pays reconnaisse la frite », explique l'Unafri.
2. Une pétition a été lancée à l'occasion de la semaine de la frite qui débute ce lundi sous le slogan « Tous ensemble pour notre frite belge ! ».
3. S'ils parviennent à convaincre l'UNESCO, les Belges permettront à leur frite de rejoindre entre autres « le repas gastronomique des Français », inscrit au patrimoine immatériel depuis 2010.
4. La Belgique revendique la place de premier producteur mondial de produits transformés à base de pommes de terre.

Extension

Sujets d'exposé, d'activité ou de dissertation :

- Pourquoi dit-on que Bruxelles est la capitale européenne ?
- Quelle est l'origine des relations délicates entre la Communauté flamande et la Communauté française ?

Pour approfondir vos connaissances

- ISTASSE, Cédric, « Histoire, mémoire et identité : les fêtes nationales, régionales et communautaires en Belgique », *Courrier hebdomadaire du CRISP*, 2019/7 (N° 2412-2413), p. 5-82.
- UYTTENDAELE, Marc. *Les institutions de la Belgique*. Bruxelles : Bruylant, 2014.
- HERGE. *Le lotus bleu*. Tournai : Casterman, 1974.

Leçon 4

Le Luxembourg dans la construction européenne

Après la Seconde Guerre mondiale, le Luxembourg abandonne sa politique de neutralité et se lance dans une politique de coopération internationale dans les domaines économique et militaire (OECE[1] et pacte de Bruxelles en 1948, OTAN[2] en 1949). Déjà en septembre 1944, les gouvernements en exil du Luxembourg, de la Belgique et des Pays-Bas avaient signé à Londres une convention douanière instituant le Benelux[3].

Le Grand-Duché prend également part aux premiers projets d'intégration européenne. Ainsi, il signe le 5 mai 1949 le statut du Conseil de l'Europe[4] par lequel les États membres s'engagent, dans le cadre d'une organisation de coopération politique, à préserver les principes de la démocratie et du respect des droits de l'homme. Puis, le 9 mai 1950, Robert Schuman[5], ministre français des Affaires étrangères, d'origine luxembourgeoise, propose la mise en commun des ressources de charbon et d'acier de la France et de l'Allemagne dans une organisation ouverte aux autres pays d'Europe. La création d'une Communauté européenne du charbon et de l'acier (CECA)[6]

exil *n.m.* 流亡

douanier, ère *adj.* 关税的；海关的

1　**OECE**：欧洲经济合作组织，全称为 Organisation européenne de coopération économique。该组织成立于1948年，由英、法等18个国家组成，负责协调马歇尔计划在欧洲各国的财政援助实施，以促进欧洲经济的复兴和发展。

2　**OTAN**：北大西洋公约组织，全称为 Organisation du traité de l'Atlantique nord。

3　**le Benelux**：比荷卢经济联盟。1944年，比利时、荷兰、卢森堡三国流亡政府在伦敦签署比荷卢关税联盟协定（1947年正式生效）。1958年三国签署《比荷卢经济联盟条约》，于1960年正式生效。比荷卢经济联盟旨在发展三国经济合作，以应对周边大国的竞争。

4　**le Conseil de l'Europe**：欧洲委员会，成立于1949年，总部设在法国斯特拉斯堡，以促进欧洲人权、法制、文化为宗旨，现有47个成员国。该机构并非欧盟组织机构。

5　**Robert Schuman**：罗贝尔·舒曼（1886—1963），法国政治家，与让·莫内（Jean Monnet）一起被称为"欧盟之父"，以他名字命名的"舒曼计划"为成立欧洲煤钢共同体铺平了道路。

6　**Communauté européenne du charbon et de l'acier (CECA)**：欧洲煤钢共同体。

donne le vrai coup d'envoi à l'intégration européenne. Pour la première fois, des États souverains envisagent de transférer l'exercice d'une part de leurs compétences à une organisation supranationale. Le 18 avril 1951, le Luxembourg signe avec la Belgique, la France, l'Italie, les Pays-Bas et la République fédérale d'Allemagne le traité instituant la CECA et confirme son engagement sur la voie de l'intégration européenne. Le traité entre en vigueur le 23 juillet 1952.

Dans la nuit du 24 au 25 juillet 1952, après d'interminables négociations diplomatiques à Paris sur le choix du siège de la CECA, Joseph Bech[7] propose la ville de Luxembourg comme lieu d'installation provisoire de la nouvelle organisation. La capitale du Grand-Duché devient ainsi le siège provisoire de la Haute-Autorité[8], du Comité consultatif et de la Cour de justice de la CECA. Les réunions du Conseil spécial de ministres y ont également lieu. Et même si les séances de l'Assemblée se tiennent à Strasbourg, un embryon d'administration parlementaire est, de même, constitué au Luxembourg.

Suite à l'échec de la Communauté européenne de défense (CED) et à l'abandon du projet d'une Communauté politique européenne (CPE) en 1954, la Communauté traverse une crise grave. Pour relancer l'intégration européenne, les Six[9] se mettent d'accord pour créer un Marché commun, s'inspirant notamment du mémorandum Benelux de mai 1955. C'est finalement le 25 mars 1957, que les traités de Rome instituant une Communauté économique européenne (CEE)[10] et une Communauté européenne de l'énergie atomique (CEEA ou Euratom)[11] sont signés.

La question du siège des institutions européennes est cependant

---

supranational, e *adj.* 超国家的

embryon *n.m.* 萌芽

mémorandum *n.m.* 备忘录

7　**Joseph Bech**：约瑟夫·伯克（1887—1975），卢森堡政治家，曾两次任卢森堡首相。
8　**la Haute-Autorité**：欧洲煤钢共同体的执行机构。
9　**les Six**：指欧洲煤钢共同体的6个缔约国，即比利时、卢森堡、荷兰、法国、联邦德国和意大利。
10　**Communauté économique européenne (CEE)**：欧洲经济共同体。
11　**Communauté européenne de l'énergie atomique (CEEA ou Euratom)**：欧洲原子能共同体。

loin d'être réglée. En 1965, la signature du traité de fusion des exécutifs des trois Communautés (CECA, CEE et CEEA), entraîne le regroupement de la plupart des services du Conseil[12] et de la Commission[13] à Bruxelles. Le Luxembourg perd le siège de la Haute Autorité de la CECA, mais s'assure en contrepartie de la présence des institutions judiciaires et financières européennes dans sa capitale. À plusieurs reprises, la question du siège donnera encore lieu à de vives discussions politiques. (…)

Le Luxembourg est en outre le pays qui a fourni à l'Europe le contingent de hauts responsables le plus important en proportion de sa taille. Trois des douze présidents de la Commission européenne en sont originaires (Gaston Thorn de 1981 à 1985, Jacques Santer de 1995 à 1999 et Jean-Claude Juncker depuis novembre 2014[14]). Pendant huit ans, Jean-Claude Juncker a assuré la fonction de premier président permanent de l'Eurogroupe[15] (2005-2013).

contingent *n.m.* 配额，额度

Depuis les débuts de la construction européenne, le Luxembourg veille donc à assumer pleinement son rôle de membre à part entière d'une Communauté en constante évolution, tout en préservant sa propre identité. À onze reprises, le pays a assuré la présidence du Conseil de l'Union européenne. Les résultats de trois Conseils européens sont notamment à souligner : en décembre 1985, les chefs d'État ou de gouvernement des Dix parviennent à un accord de principe sur une réforme des institutions des Communautés qui permet l'adoption de l'Acte unique européen[16] en février 1986. En

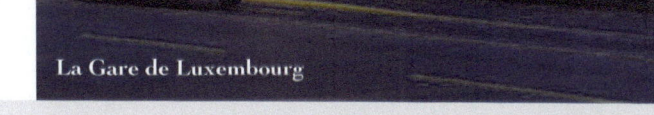

La Gare de Luxembourg

---

12 **le Conseil**：指欧盟理事会（Conseil de l'Union européenne），为部长理事会，由各成员国轮流担任主席国的职务。

13 **la Commission**：指欧盟委员会（Commission européenne），为欧盟的常设执行机构，负责欧盟的日常事务、对外合作及贸易谈判工作。

14 让－克洛德·容克于2019年卸任欧盟委员会主席一职。

15 **l'Eurogroupe**：欧元区国家财政部长的每月例会，主要任务是协调各国经济政策。

16 **l'Acte unique européen**：《欧洲单一法案》，是对《罗马条约》（1957年签署）的首次重大修订。该法案制定了在1992年12月31日前建立欧洲单一市场的目标，也将欧洲政治合作写入其中。

juin 1991, le projet de traité sur l'Union européenne de la présidence luxembourgeoise sert de base aux négociations qui aboutissent au traité de Maastricht. En décembre 1997, les chefs d'État ou de gouvernement parviennent à un accord sur l'élargissement de l'Union européenne vers les pays d'Europe centrale et orientale.

Extrait de l'article *Le Luxembourg dans la construction européenne*, © CVCE.EU *by* UNI.LU

La Cour de Justice de l'Union européenne

Compréhension du texte

I. Compréhension générale :

1. Quel traité marque le début du changement de politique de neutralité du Luxembourg au profit de la coopération internationale ? Présentez-le en détail.
2. Quels sont les autres traités qui confirment cette tendance pendant les premières années qui suivent la Seconde Guerre mondiale ?
3. D'après le texte, en quelle année le projet d'intégration européenne a-t-il débuté ?
4. Qui est l'initiateur de la création de la CECA ? De quoi s'agit-il ?
5. La ville de Luxembourg se voit accorder plusieurs nouveaux statuts après la création de la CECA, savez-vous lesquels ?
6. Quand et dans quel contexte la CEE et la CEEA ont-elles été créées ?
7. Quelles sont les contributions que le Luxembourg a faites en ce qui concerne la présidence du Conseil de l'Union européenne ?
8. Quels sont les acquis du Conseil européen ? Donnez-en des exemples concrets.

II. Vrai ou faux ?

1. Le gouvernement du Luxembourg est le seul gouvernement européen à s'être exilé à Londres pendant la Seconde Guerre mondiale.
2. La CECA est une organisation visant à mettre en commun les ressources de charbon et d'acier de ses cinq pays membres.
3. Le Luxembourg est l'un des premiers pays à avoir activement participé à la construction européenne.
4. Le siège des institutions européennes reste un sujet de discussion au cours de la construction européenne.
5. C'est par les traités de Rome que la CEE et la CEEA ont été instituées.
6. Jean-Claude Juncker, ancien président de la Commission européenne, est d'origine belge.
7. Les grandes décisions de l'Union européenne sont uniquement prises par la Commission européenne.
8. La présidence du Conseil de l'Union européenne est assurée par les pays membres à tour de rôle.

Extension

Sujets d'exposé, d'activité ou de dissertation :

- Pourquoi le Luxembourg prend-il une part tellement active à la construction de l'Union européenne ?
- Quelles sont les difficultés de la construction de l'Union européenne ?

Pour approfondir vos connaissances

- GARCIA, Nuria. « Monolinguisme politique dans une société plurilingue ? Le cas du Luxembourg », *Revue internationale de politique comparée*, 2014/4 (Vol. 21), p. 17-36.
- DE LAUBIER, Guillaume. *Mon Luxembourg, un pays à découvrir.* Paris : Flammarion, 2016
- CARBONELL, Mauve. *De la guerre à l'union de l'Europe : itinéraires luxembourgeois.* Bruxelles : P.I.E. Peter Lang, 2014.

Leçon 5

L'histoire de la neutralité suisse

cohésion *n.f.* 团结；凝聚力

Dans une Suisse regroupant plusieurs cultures, langues et religions, la neutralité a toujours eu pour fonction de garantir la cohésion intérieure. Au cours de l'histoire, le principe de la neutralité a donc été appliqué aux conflits intérieurs de la Confédération[1]. L'abandon de la neutralité au profit d'une politique extérieure active aurait certainement débouché, au XVIe siècle par exemple (conflits confessionnels), sur des tensions que la Suisse n'aurait pas pu supporter. Aux XIXe et XXe siècles, le fait de prendre parti pour l'Allemagne ou la France aurait plongé la Confédération dans une crise nationale majeure. La neutralité vis-à-vis de l'extérieur a garanti la cohésion intérieure. Ce principe a toujours été appliqué avec souplesse, selon les circonstances du moment, et de manière à garantir les intérêts du pays.

confessionnel, le *adj.* 教派的

prendre parti pour... 站在……的一边

Au début, la neutralité a été d'une certaine manière dictée par la nécessité. Toutefois, ses effets bénéfiques évidents au cours de l'histoire l'ont peu à peu profondément ancrée dans la conscience nationale de la Suisse.

bénéfique *adj.* 有利的
ancrer *v.t.* 使扎根

En 1515, sur le champ de bataille de Marignan[2], une armée de 20 000 Confédérés fait l'expérience des limites militaires de la politique de grande puissance menée par la Suisse. En 1516, François Ier conclut avec les vaincus une paix déterminante pour le futur. Pendant des siècles, ce traité de paix représente le fondement de la réserve confédérée en ce qui regarde la politique étrangère.[3]

Confédéré, e *n.* 联盟成员（此处指瑞士人）

réserve *n.f.* 审慎

1　la Confédération：瑞士联邦，即 la Confédération suisse。

2　bataille de Marignan：马里尼亚诺战役。1515 年，法国国王弗朗索瓦一世与威尼斯共和国联手在马里尼亚诺（Marignan，意大利语为 Marignano）大胜为米兰大公国作战的瑞士雇佣军。此次战役是意大利战争（1494—1559）中的一次著名战役。

3　1516 年至 1521 年，瑞士与法国达成条约，保证不向法国开战，这是瑞士实施全面中立的开端。

À l'époque des conflits confessionnels, l'unité en matière de politique étrangère est de toute façon impossible. Les Français conquièrent les Grisons⁴. Ils seront cependant repoussés jusqu'à Zurich par les Autrichiens. Après la deuxième bataille de Zurich, les Français reprennent la Suisse orientale. L'armée austro-russe, placée sous les ordres d'Alexandre Souvorov⁵, est contrainte de quitter la Suisse en passant par le Pragel, le Panixer et Sankt Luzisteig. La population civile a durement souffert et les charges de guerre sont lourdes. Le Directoire de la République helvétique⁶ exige de la France qu'elle reconnaisse la neutralité de la Suisse. Pour des raisons politico-militaires, cette reconnaissance lui est refusée.

En mars 1798, les troupes françaises envahissent la Suisse, qui ne connaît donc plus de neutralité durant seize ans. La France impose à la République helvétique une alliance militaire qui la contraint à renoncer à la neutralité. Comme les grandes puissances européennes se disputent les transversales alpines, elle est le théâtre des opérations.

Des Suisses participent aux combats contre les troupes napoléoniennes, notamment lors du siège de Huningue⁷. Après cette dernière action militaire à l'extérieur de ses frontières, les puissances réunies à Paris reconnaîtront en 1815 la neutralité permanente de la Suisse et garantiront l'intégrité de son territoire.⁸

Dès 1915, la Suisse est entourée par la guerre. Les belligérants sont convaincus que la Suisse ne permettrait à aucune des parties de profiter de son territoire pour effectuer des mouvements tournants et attaquer ainsi leurs adversaires. Ils ont donc respecté la neutralité et

---

directoire *n.m.* 督政府
helvétique *adj.* 瑞士的

transversale *n.f.* 横切线

siège *n.m.* 围攻，包围

belligérant, e *n.* 交战方

---

4 **les Grisons**：瑞士的格劳宾登州，译自其德文名 Graubünden。
5 **Alexandre Souvorov**：全名为 Alexandre Vassilievitch Souvorov（亚历山大·瓦西里耶维奇·苏沃洛夫，1730—1800），俄国史上最著名的将领之一。
6 这一时期瑞士的政体为共和制。
7 **Huningue**：于南格，是法国一处地势险峻的要塞。当时，奥地利军队围攻并占领此地，瑞士也参与了此次对法作战。
8 1815 年，在维也纳会议上，与会各国签订条约并一致承认瑞士为永久中立国。

Lucerne

les frontières de la Suisse. Les traces des fortifications édifiées alors au Hauenstein et sur le Mont Vully témoignent de cette neutralité fermement défendue lors de la Grande Guerre[9].

    Au début de la Seconde Guerre mondiale, le Conseil fédéral réaffirme la neutralité de la Suisse, qui est reconnue par les belligérants. Afin de garantir son indépendance et sa neutralité, la Suisse mobilise son armée.

    Après 1945, des observateurs suisses sont envoyés sur la ligne de l'armistice en Corée[10], avec l'accord de toutes les parties. C'est le début concret de la neutralité active. Depuis, la Suisse participe à de nombreuses opérations de promotion de la paix à l'étranger.

fortification *n.f.* 防御工事

armistice *n.f.* 停战，休战

---

9 **la Grande Guerre**：指第一次世界大战。

10 **la ligne de l'armistice en Corée**：朝鲜半岛上的"三八线"。二战末期，同盟国协议以朝鲜半岛上北纬38度线作为苏、美两国对日军事行动和受降范围的暂时分界线，北部为苏军受降区，南部为美军受降区。

« Neutralité et solidarité » : le conseiller fédéral Max Petitpierre[11] définit les principes des relations extérieures de la Suisse de l'après-guerre. Il confère ainsi une nouvelle force à la neutralité.

Extrait de *La neutralité de la Suisse*, une brochure du Département fédéral de la défense, de la protection de la population et des sports (DDPS), en collaboration avec le Département fédéral des affaires étrangères (DFAE)

Le siège de l'ONU à Genève

---

11 **Max Petitpierre**：马克斯·珀蒂皮埃尔（1899—1994），瑞士政治家，曾任瑞士联邦主席。瑞士联邦委员会（Conseil fédéral suisse）由7名委员组成，根据惯例，每年度的瑞士联邦主席由这7位委员轮流担任，不得连任。

Compréhension du texte

I. Compréhension générale :

1. Quelle est la grande particularité de la politique étrangère de la Suisse ? Quel rôle a-t-elle joué dans l'histoire de ce pays ?
2. Quel événement est à l'origine de la neutralité suisse ?
3. À l'époque des conflits confessionnels, est-ce que le gouvernement helvétique est bien capable de maintenir la neutralité dans sa politique étrangère ? Sinon, pourquoi ? Quelle en est la conséquence ?
4. Pour quelles raisons la Suisse est-elle devenue « le théâtre des opérations » dès mars 1798 ?
5. Pensez-vous que l'année 1815 constitue un tournant dans l'histoire de Suisse ? Pourquoi ?
6. Où en est la neutralité de la Suisse pendant la Grande Guerre ?
7. Qu'est-ce que le Conseil fédéral a fait pour garantir les intérêts du pays lors de la Seconde Guerre mondiale ?
8. Quelles nouveautés surgissent dans la politique extérieure de Suisse à partir de 1945 ?

II. Vrai ou faux ?

1. L'armée russe n'a jamais mis ses pieds sur le territoire suisse.
2. La neutralité de la Suisse est impossible sans l'accord des grandes puissances européennes.
3. Après la mise en application du principe de la neutralité permanente, la Suisse n'a plus besoin d'armée.
4. La neutralité de la Suisse est voulue depuis le début par son peuple.
5. Les pays voisins de la Suisse sont la France, l'Autriche, la Russie et l'Italie.
6. Les grandes puissances européennes reconnaissent la neutralité de la Suisse parce que ce pays n'a aucune importance politico-militaire pour eux.

Extension

Sujets d'exposé, d'activité ou de dissertation :

- D'après vous, quelles sont les raisons principales qui rendent la neutralité suisse possible et praticable ?
- Lors des deux guerres mondiales, quelles difficultés la Suisse a-t-elle rencontrées pour garantir la neutralité dans ses relations extérieures ?

Pour approfondir vos connaissances

- MUELLER, Sean, et Paolo Dardanelli. « Langue, culture politique et centralisation en Suisse », *Revue internationale de politique comparée,* 2014/4 (Vol. 21), p.83-104.
- FLEURY, Antoine. « Traditions et rôle humanitaire de la Suisse », *Matériaux pour l'histoire de notre temps*, 2009/1 (N° 93), p. 60-70.
- MAISSEN, Thomas. *Histoire de la Suisse*. Lille : Presses universitaires du Septentrion, 2019.

Quiz

1. Combien de communautés linguistiques y a-t-il en Belgique ?

   ☐ A. 2.   ☐ B. 3.   ☐ C. 4.

2. Quel musée est un phénomène unique de la Belgique ?

   ☐ A. Le musée de l'art contemporain.

   ☐ B. Le musée de l'histoire nationale.

   ☐ C. Le musée vivant de la pomme de terre.

3. Quelle région belge est la première à avoir inscrit les pommes de terre à la liste de son « patrimoine immatériel » ?

   ☐ A. La Fédération Wallonie-Bruxelles.

   ☐ B. La Flandre.

   ☐ C. La Communauté germanophone.

4. Que signifie le sigle « Unafri » ?

   ☐ A. Union Nationale des Frituristes.

   ☐ B. Union Nationale de l'Art des Frites.

   ☐ C. Union Nationale des Frites.

5. Quels sont les pays voisins du Luxembourg ?

   ☐ A. La Belgique, l'Allemagne, la France.

   ☐ B. La Suisse, l'Allemagne, la France.

   ☐ C. L'Allemagne, la Belgique, la Suisse.

6. En quelle année la convention douanière instituant le Benelux a-t-elle été signée à Londres ?

   ☐ A. En 1943.   ☐ B. En 1944.   ☐ C. En 1945.

7. Qui est l'auteur des Aventures de Tintin ?

   ☐ A. René Goscinny et Albert Uderzo.

   ☐ B. Hergé.

   ☐ C. Georges Simenon.

8. Qui est Robert Schuman ?

   ☐ A. Un ancien ministre belge des Affaires étrangères.

   ☐ B. Un ancien ministre luxembourgeois des Affaires étrangères.

   ☐ C. Un ancien ministre français des Affaires étrangères.

9. La création de quelle organisation donne le vrai coup d'envoi à l'intégration européenne ?

   ☐ A. L'OTAN.   ☐ B. L'OCDE.   ☐ C. La CECA.

10. En quelle année le traité instituant la CECA est-il entré en vigueur ?

    ☐ A. En 1952.   ☐ B. En 1953.   ☐ C. En 1954.

11. En quelle année les traités de Rome ont-ils été signés ?

    ☐ A. En 1956.   ☐ B. En 1957.   ☐ C. En 1958.

12. Qui est le président de la Commission européenne en 2018 ?

    ☐ A. Jean-Claude Juncker.   ☐ B. Jacques Santer.   ☐ C. Gaston Thorn.

13. En quelle année l'Acte unique européen a-t-il été adopté ?

    ☐ A. En 1985.   ☐ B. En 1986.   ☐ C. En 1987.

14. En quelle année la neutralité permanente de la Suisse a-t-elle été reconnue ?

    ☐ A. En 1815.   ☐ B. En 1816.   ☐ C. En 1817.

15. Combien de cantons y a-t-il en Suisse ?

    ☐ A. 25.   ☐ B. 26.   ☐ C. 27.

16. Comment est appelé le chef d'État du Luxembourg ?

    ☐ A. Le Grand-Duc.   ☐ B. Le Premier ministre.   ☐ C. Le Président.

17. Quel est le plus grand lac entièrement suisse ?

    ☐ A. Le lac de Neuchâtel.   ☐ B. Le lac Léman.   ☐ C. Le lac de Constance.

18. Quelle organisation ne siège pas à Genève ?

    ☐ A. Le Comité international olympique.

    ☐ B. La Croix-Rouge.

    ☐ C. L'Organisation internationale du Travail.

19. Qui est le Premier ministre de Belgique en 2020 ?

    ☐ A. Charles Pascal.   ☐ B. Sophie Wilmes.   ☐ C. Elio Di Rupo.

20. Quelle est la superficie de Monaco ?

　☐ A. 2,02 km². ☐ B. 20,2 km² ☐ C. 202 km².

21. Qu'est-ce que le « Thalys » ?

　☐ A. Un port. ☐ B. Un TGV. ☐ C. Un aéroport.

22. Quelles sont les quatre langues officielles de la Suisse ?

　☐ A. Le français, l'allemand, le flamand, l'italien.
　☐ B. L'allemand, le français, l'italien, le romanche.
　☐ C. L'allemand, le français, l'italien, l'anglais.

23. De quelle organisation la Suisse ne fait-elle pas partie ?

　☐ A. De l'Organisation des Nations unies.
　☐ B. De l'Union européenne.
　☐ C. De l'Organisation internationale de la Francophonie.

24. En quelle année a eu lieu la bataille de Marignan ?

　☐ A. En 1515. ☐ B. En 1615. ☐ C. En 1715.

25. Quel est le nom du premier roi des Belges ?

　☐ A. Henri de Luxembourg.
　☐ B. Joseph de Habsbourg.
　☐ C. Léopold de Saxe-Cobourg Gotha.

26. En Belgique, quelle ville est surnommée la « Venise du Nord » ?

　☐ A. Bruges. ☐ B. Gand. ☐ C. Bruxelles.

27. Quel est le titre officiel du chef de gouvernement de la principauté de Monaco ?

　☐ A. Le ministre d'État. ☐ B. Le Premier ministre. ☐ C. Le Ministre.

28. Dans quelle ville Jean-Jacques Rousseau est-il né ?

　☐ A. À Bruxelles. ☐ B. À Lyon. ☐ C. À Genève.

29. Laquelle de ces langues suivantes n'est pas une des langues officielles du Luxembourg ?

　☐ A. L'allemand. ☐ B. L'italien. ☐ C. Le luxembourgeois.

30. En quelle année l'ancienne université de Louvain a-t-elle été fondée ?

　☐ A. En 1425. ☐ B. En 1798. ☐ C. En 1830.

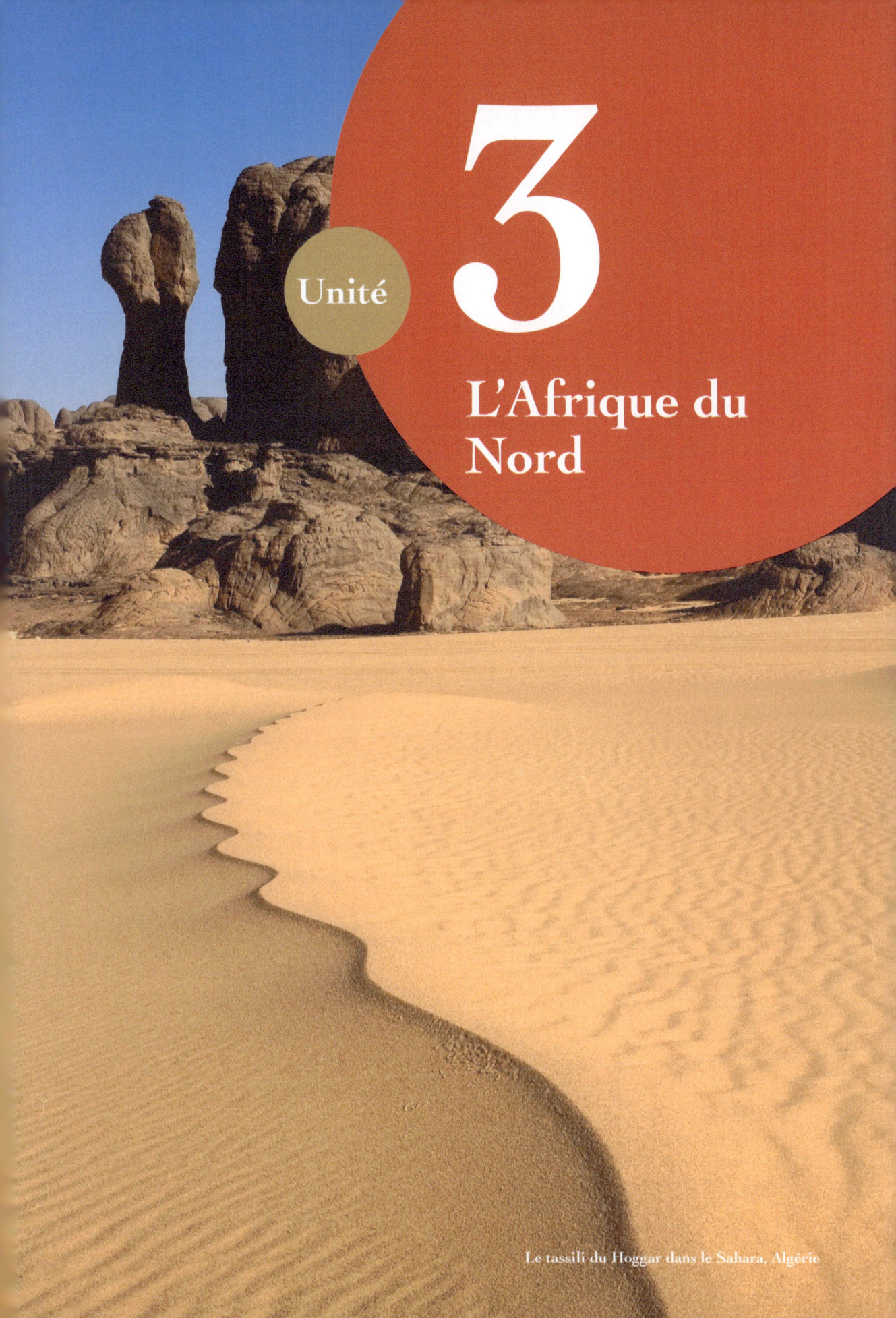

Unité 3

L'Afrique du Nord

Le tassili du Hoggar dans le Sahara, Algérie

Leçon 6

La question de la mémoire, une plaie encore à vif[1]

La Grande Poste d'Alger

atrocité *n.f.* 罪行；残暴

repentance *n.f.* 悔改；后悔

offusquer *v.t.* 使……不快

culpabilisateur, trice *adj.* 有负罪感的

Depuis fort longtemps, les Algériens réclament que la France présente ses excuses pour les *atrocités* commises durant la période coloniale (1830-1962)[2]. Précisons toutefois que les Algériens n'ont pratiquement jamais demandé la « *repentance* » de la France. Ce terme a été utilisé non par les autorités algériennes, mais par Nicolas Sarkozy alors qu'il était ministre de l'Intérieur. Une seule exception côté algérien : en 1963, un an après l'indépendance, lorsque la radio algérienne « exige » de la France qu'elle fasse sa « repentance » pour les crimes commis en Algérie. En février 2017, lors de son séjour à Alger, trois mois avant son élection à la présidence française, Emmanuel Macron a évoqué la question de la mémoire de façon radicale, prenant le risque d'*offusquer* une partie de la classe politique française de droite comme de gauche. Le candidat Macron déclarait alors : « Je pense qu'il est inadmissible de faire la glorification de la colonisation (…) J'ai toujours condamné la colonisation comme un acte de barbarie. La colonisation fait partie de l'histoire française. C'est un crime contre l'humanité. » Il a parlé d'excuses à présenter aux Algériens, une initiative que les hommes politiques français ont toujours refusé d'entreprendre. E. Macron a cependant écarté toute repentance *culpabilisatrice* et refusé qu'on « tombe dans la culture de la culpabilisation, sur laquelle on ne construit rien ».

---

1 阿尔及利亚因为与法国的特殊政治历史关系以及自身的阿拉伯文化特性而未加入法语国家与地区国际组织。但考虑到法语在阿尔及利亚是重要的交流语言和教学语言，同时阿尔及利亚具有多语言多文化的鲜明特点，所以我们仍将其纳入了本教材。

2 1830年，法国侵占阿尔及利亚沿海地区。二战后，阿尔及利亚独立运动风起云涌，但长期以来，法国将其视为海外省，不愿意轻易放弃。1954年，阿尔及利亚民族解放战争爆发，这也成为1958年戴高乐回归政坛的一个重要原因。1962年，法国同阿尔及利亚签署了《埃维昂协议》（accords d'Évian），阿尔及利亚获得独立。

Cette position a été bien accueillie par les Algériens ; pourtant quelques mois auparavant, en novembre 2016, le candidat d'En Marche[3] avait tenu un discours plus classique, ne s'écartant pas des positions de la classe politique française qui évoque les aspects « ombres et lumières » de la colonisation. « Oui, en Algérie, il y a eu la torture, mais aussi l'émergence d'un État, de richesses, de classes moyennes, c'est la réalité de la colonisation. Il y a eu des éléments de civilisation et des éléments de barbarie. » Cette versatilité dans les discours suscite la suspicion en Algérie quant aux véritables intentions du président français. En d'autres termes, les Algériens attendent de voir comment les déclarations sur la colonisation se traduiront dans les faits. François Hollande n'avait-il pas évoqué en décembre 2012, devant le Parlement d'Alger, « les souffrances que la colonisation a infligées au peuple algérien » et critiqué le système colonial « profondément injuste et brutal », tout en précisant qu'il n'était pas venu en Algérie faire repentance ou présenter des excuses ? Pour les Algériens, peuple et dirigeants confondus, les responsables français refusent de s'excuser pour les méfaits de la colonisation alors même qu'ils n'ont pas hésité à le faire sous d'autres cieux. Le président Jacques Chirac avait dénoncé la violence coloniale à Madagascar en 1947[4] ; il avait aussi encouragé la

torture *n.f.* 折磨

versatilité *n.f.* 三心二意，摇摆不定

suspicion *n.f.* 怀疑

infliger *v.t.* 使遭受

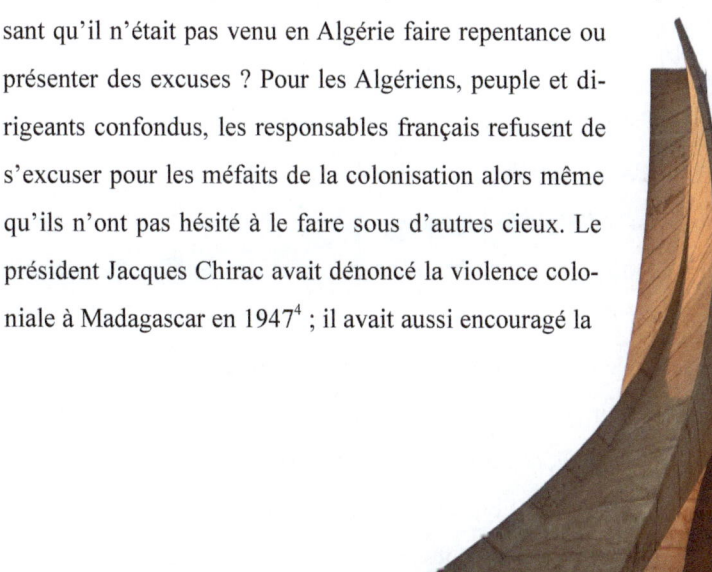
Le Mémorial du Martyr d'Alger

3　En Marche：马克龙于2016年4月领导创建的政党前进运动，后更名为共和国前进党（La République En Marche !）。

4　la violence coloniale à Madagascar en 1947：二战后，马达加斯加民族独立运动高涨。1947年，马达加斯加民主革新运动组织（Mouvement démocratique de la Rénovation malgache）在马岛东部发动起义，但被法国殖民当局镇压。

omettre *v.t.* 略过，省略

souscrire (à) *v.t.* 赞同

tollé *n.m.* 抗议
réprobation *n.f.* 拒绝

reconnaissance par l'État français du génocide arménien[5], mais toujours omis toute référence aux méfaits de la colonisation en Algérie.

S'il existe une unanimité entre le gouvernement et le peuple algériens, c'est bien sur ce sujet : nul ne souscrit à l'idée selon laquelle la colonisation française en Algérie se voulait être une « mission civilisatrice » et que son objectif était le bien du peuple algérien. La question est évidemment de savoir si et pourquoi Emmanuel Macron serait différent de ses prédécesseurs. Il semblerait que les Algériens aient fort apprécié sa déclaration sur la colonisation d'autant plus que, même s'il a substitué a posteriori à l'affirmation de « crimes contre l'humanité » les termes moins juridiques de « crimes contre l'humain », il n'a pas retiré ses propos lorsqu'ils ont déclenché un tollé de réprobation de la part de la droite française. Cette position lui a déjà valu le titre d'« ami de l'Algérie » et une popularité d'autant plus grande qu'il était sévèrement critiqué par la classe politique en France.

Il est cependant clair que les Algériens attendent de voir comment cette position se concrétisera dans l'avenir. Une analyse des messages officiels algériens montre bien que c'est sur cette question qu'Alger le jugera, et de sa sincérité que « le partenariat d'exception » à construire dépendra. Ainsi le discours d'Abdelaziz Bouteflika[6] du 4 juillet 2017, à la veille de la célébration du 55e anniversaire de l'indépendance, contenait-il un message on ne peut plus explicite sur cette question de la mémoire : « L'Algérie et la France ont engagé la construction d'un partenariat d'exception qui se doit d'être mutuellement bénéfique et qui gagnera en sérénité et en élan dans une reconnaissance des vérités de l'Histoire. De tels rappels ne

---

5　**le génocide arménien :** 亚美尼亚人惨案。第一次世界大战期间，土耳其政府于1915年下令把境内大约175万亚美尼亚人驱入叙利亚和美索不达米亚。在强迫迁徙过程中，60多万亚美尼亚族人饿死或被军队和警察打死，几十万人被迫逃亡。

6　**Abdelaziz Bouteflika :** 阿卜杜勒－阿齐兹·布特弗利卡（1937—　　），1999年至2019年任阿尔及利亚总统。2019年初，阿尔及利亚爆发民众示威游行，要求总统下台。2019年4月2日，布特弗利卡迫于各界压力，宣布辞去总统职务。

sont porteurs d'aucune haine, même si notre peuple exige toujours une reconnaissance de ses souffrances de la part du colonisateur d'hier, la France », a rappelé le président algérien.

Yahia H. Zoubir
Extrait de l'article « Macron et l'Algérie : l'amorce d'une véritable réconciliation ? », publié dans *Les Cahiers de l'Orient* 2017/4 (N° 128), pages 37 à 46

Compréhension du texte

I. Compréhension générale :

1. En quelle année l'Algérie s'est-elle libérée de la colonisation française ?
2. Quelle est l'attitude des Algériens à l'égard de la présence des Français sur leur territoire pendant plus d'un siècle ?
3. Quelle critique est-ce que le candidat Emmanuel Macron a fait sur la colonisation ? Que risque-t-il en s'exprimant ainsi ?
4. Qu'est-ce qui différencie Macron de ses prédécesseurs sur le problème d'Algérie ? Pourquoi ne veut-il pas recourir au terme « repentance » ?
5. Les Algériens croient-ils vraiment à Emmanuel Macron ? Pourquoi ?
6. Qu'est-ce que les Algériens ont constaté quant aux attitudes des responsables français envers les méfaits de la colonisation ?
7. Sur quelle idée tous les Algériens sont-ils unanimes ?
8. Est-ce que l'Algérie est prête à nouer de nouvelles relations avec la France ? Pourquoi ?

II. Traduisez les phrases suivantes en chinois :

1. E. Macron a cependant écarté toute repentance culpabilisatrice et refusé qu'on « tombe dans la culture de la culpabilisation, sur laquelle on ne construit rien ».
2. Nul ne souscrit à l'idée selon laquelle la colonisation française en Algérie se voulait être une « mission civilisatrice » et que son objectif était le bien du peuple algérien.
3. L'Algérie et la France ont engagé la construction d'un partenariat d'exception qui se doit d'être mutuellement bénéfique et qui gagnera en sérénité et en élan dans une reconnaissance des vérités de l'Histoire.

Extension

Sujets d'exposé, d'activité ou de dissertation :

- Que savez-vous sur la guerre algérienne ? Avez-vous entendu parler des « pieds noirs » ?
- Quelles sont les relations entre la Chine et l'Algérie ?

Pour approfondir vos connaissances

- FILHON, Alexandra. « Parler berbère en famille : une revendication identitaire », *Revue européenne des migrations internationales*, 2007/1 (Vol. 23), p. 95-115
- SOUIAH SID, Ahmed. « Algérie : itinéraire de 50 ans d'indépendance », *Confluences Méditerranée*, 2012/2 (N° 81), p. 9-26.
- 刘玉和. 中国和阿尔及利亚的故事[M]. 北京：五洲传播出版社，2019.

Un village berbère, Ouarzazate

Leçon 7

Mohammed VI, itinéraire d'un roi

legs *n.m.* 遗赠，遗产

décéder *v.i.* 去世

manifestation *n.f.* （盛大的商业、文化）活动
berbère *adj.* 柏柏尔人的
austère *adj.* 严肃的

Profondément musulman, parce que « Commandeur des croyants »[1] en terre d'Islam, et partisan résolu de la structure monarchique comme legs d'une histoire longue, la trajectoire du roi Mohammed VI illustre bien la recherche entre tradition et modernité du Maroc, à l'entrée du XXIe siècle.

Vendredi 23 juillet 1999, seize heures. Le roi Hassan II vient de décéder à l'hôpital Avicenne de Rabat. À vingt-deux heures, son fils aîné, le prince héritier Sidi Mohammed[2], tenue traditionnelle, visage tendu et mal rasé, annonce à la télévision le décès de celui qui a régné sur le Maroc durant trente-huit ans. (...)

Personnage très discret, voire en retrait, fuyant les médias locaux et étrangers, prenant rarement la parole lors de manifestations publiques lorsqu'il n'était que prince héritier, Mohammed VI a visiblement hérité de sa mère, d'origine berbère[3], un caractère à la fois ferme et austère qui n'est pas sans rappeler celui de son grand-père le roi Mohammed V. Son itinéraire et son apprentissage des relations internationales (voir ci-après) correspondaient à la volonté de son père de le préparer, lentement mais sûrement, à prendre en main le royaume dans le cadre d'une transition politique en douceur. L'ensemble des réformes accomplies en quelques années par Hassan

---

1 此处指摩洛哥国王，同时也是摩洛哥的宗教领袖。

2 **Sidi Mohammed**：西迪·穆罕默德，穆罕默德六世，摩洛哥王国国王。Sidi 一词出自阿拉伯语，意为"先生"，是北非人对男子的尊称。

3 berbère 来自拉丁语中的 barbari（野蛮人）一词。柏柏尔人是一个分布在北非和西非部分地区的古老民族，是对若干在文化、政治、经济方面具有相似特点的部落族人的统称。摩洛哥的官方语言除了阿拉伯语外，还有阿马齐格语（amazighe，又称 tamazight，即塔玛齐格特语）。

Il en témoigne : le souverain chérifien, pour assurer la continuité dynastique, souhaitait préparer le terrain pour son héritier, en évitant notamment de lui léguer des dossiers brûlants tels que les droits humains, le litige avec l'Algérie[4] ou la question du Sahara[5]. (...)

L'actuel souverain est né le 21 août 1963 à Rabat. Lorsqu'il a quatre ans, son père le fait entrer à l'école coranique[6] du Palais royal. Il poursuit des études secondaires au Collège royal, où il passe son baccalauréat à dix-huit ans. En 1985, il obtient sa licence en droit (tout comme son père) et présente ensuite à la faculté des sciences juridiques, économiques et sociales de Rabat un mémoire sur l'Union arabo-africaine et la stratégie du royaume du Maroc en

chérifien, e *adj.* 摩洛哥王国的；阿拉伯贵族的
léguer *v.t.* 留给；遗留
litige *n.m.* 争端

coranique *adj.* 古兰经的

Une boutique de Marrakech

4　摩洛哥和阿尔及利亚的不和由来已久。1963年，两国曾因边界问题发生武装冲突。1976年，因阿尔及利亚承认"西撒国"，导致两国断交。1988年摩阿复交，但两国关系至今不稳定。

5　这里指西撒哈拉的归属问题。西撒哈拉位于撒哈拉沙漠西部，濒临大西洋，与摩洛哥、毛里塔尼亚、阿尔及利亚相邻。该地是一个有争议的地区，摩洛哥对该地区有主权诉求，并实际控制了大部分区域，当地独立武装组织西撒哈拉人民解放阵线统治着其余地区。由于在该问题上的争议，摩洛哥于1984年退出非洲统一组织（非洲联盟的前身）。2017年，摩洛哥重返非盟。

6　古兰经学校是摩洛哥的传统教育机构，教学内容以背诵《古兰经》为主。在哈桑二世时期，摩洛哥国王对古兰经学校进行了改革，将其转变为正式的学前教育机构，教授阅读、书写、数学等，为学生进入小学做准备。

matière de relations internationales. Dès la fin des années 1970, Sidi Mohammed représente son père dans certaines occasions et accomplit diverses missions. Ainsi, en septembre 1983, il préside la délégation marocaine aux travaux du comité de mise en œuvre de l'Organisation de l'unité africaine (OUA)[7] sur le Sahara, à Addis-Abeba.

Son rôle officiel prend une importance progressive. Le 26 novembre 1985, le prince héritier est nommé par le roi coordonnateur des bureaux et services de l'état-major général des Forces armées royales. Le 29 octobre 1993, à l'université de Nice, Sidi Mohammed obtient le grade de docteur en droit en soutenant une thèse sur la Coopération entre la Communauté économique européenne et l'Union du Maghreb arabe[8]. C'est dans le cadre de la préparation de ce doctorat qu'il accomplit un stage de plusieurs mois, en 1988, dans le cabinet de Jacques Delors[9], président de la Commission des Communautés européennes. Tout au long des années 1990, le futur roi préside régulièrement des manifestations liées aux relations entre l'Union européenne et la Méditerranée. En avril 1999, quelques mois avant son accession au trône, il se trouve à Paris en compagnie du président français, Jacques Chirac, pour le lancement de la manifestation culturelle « Le Temps du Maroc ».

Le 30 juillet 1999, dans son premier discours au trône, le nouveau souverain donne d'ailleurs ses premières réponses aux questions que se pose la communauté internationale depuis la disparition de son père. (...)

Ses promesses rassurent l'opinion publique marocaine, qui attend leur réalisation concrète, sans oublier celle d'améliorer la condition des femmes marocaines. Le jeune roi relance les chantiers

---

coordonnateur, trice *n.*
协调者

état-major *n.m.* 参谋部

---

7 l'Organisation de l'unité africaine (OUA)：非洲统一组织，成立于1963年，2002年正式被非洲联盟（简称"非盟"）取代。

8 l'Union du Maghreb arabe：阿拉伯马格里布联盟，成立于1989年，成员国有摩洛哥、突尼斯、阿尔及利亚、利比亚和毛里塔尼亚。

9 Jacques Delors：雅克·德洛尔（1925— ），法国经济学家、政治家，曾任欧共体（欧盟的前身）委员会主席（1985—1995）。

La ruelle de Chefchaouen

tels que l'assainissement de l'administration, le renforcement de l'État de droit et des libertés publiques, le combat contre la corruption, la défense des droits de l'homme. (...)

En outre, le roi plaide la cause de son pays à l'extérieur. En Italie, pour négocier la transformation de la dette du Maroc envers Rome en investissements directs (mars 2000), puis en Égypte, pour assister au sommet euro-africain en avril 2000 – après avoir réussi à écarter le front Polisario de cette grande manifestation – Mohammed VI montre qu'il a beaucoup appris de son père en matière de politique internationale, que ce soit pour la diversification des partenaires ou dans le choix des relations stratégiques. Dans ce contexte, en faisant de la France la destination de sa première sortie officielle, en mars 2000, Mohammed VI marque sa préférence, avant de se rendre ensuite aux États-Unis au mois de juin suivant. La France est le premier destinataire des exportations du Maroc, la première source

assainissement *n.m.* 净化
État de droit 法治国家

plaider *v.t.* 为……辩护

| bailleur de fonds 出资者

de ses importations et son principal bailleur de fonds. Le royaume compte sur Paris pour forcer les portes de l'Union européenne et régler ainsi les questions touchant à son agriculture, à la pêche ou aux problèmes migratoires (notamment les visas).

(...)

Benjamin Stora

Extrait de l'article « Mohammed VI, itinéraire d'un roi », publié dans *Les Cahiers de l'Orient* 2016/4 (N° 124)

Compréhension du texte

I. Compréhension générale :

1. Qui est le roi Hassan II ? Pendant combien d'années a-t-il été au trône ?
2. Hassan II a bien voulu former son fils à la gestion de l'État. Donnez quelques exemples concrets.
3. Que retient-on de l'image publique du prince héritier Mohammed VI ?
4. Résumez le parcours scolaire du roi Mohammed VI.
5. Décrivez les rapports du roi Mohammed VI avec la communauté européenne et la France avant son arrivée au pouvoir.
6. Qu'entend faire le nouveau souverain pour rassurer son peuple ?
7. En quoi consiste sa politique extérieure ?
8. Quelle place la France occupe-t-elle dans les relations internationales du Maroc ?

II. Traduisez les phrases suivantes en chinois :

1. À vingt-deux heures, son fils aîné, le prince héritier Sidi Mohammed, tenue traditionnelle, visage tendu et mal rasé, annonce à la télévision le décès de celui qui a régné sur le Maroc durant trente-huit ans.
2. Personnage très discret, voire en retrait, fuyant les médias locaux et étrangers, prenant rarement la parole lors de manifestations publiques lorsqu'il n'était que prince héritier, Mohammed VI a visiblement hérité de sa mère, d'origine berbère, un caractère à la fois ferme et austère qui n'est pas sans rappeler celui de son grand-père le roi Mohammed V.
3. Dans ce contexte, en faisant de la France la destination de sa première sortie officielle, en mars 2000, Mohammed VI marque sa préférence, avant de se rendre ensuite aux États-Unis au mois de juin suivant.
4. Le royaume compte sur Paris pour forcer les portes de l'Union européenne et régler ainsi les questions touchant à son agriculture, à la pêche ou aux problèmes migratoires (notamment les visas).

Extension

Sujets d'exposé, d'activité ou de dissertation :

- Que pensez-vous des politiques prises par Mohammed VI ?
- Le Maroc souhaite renforcer la coopération économique avec la Chine ces dernières années. Quelle est la motivation du Maroc ? Quels atouts possède-t-il pour accroître ses influences internationales ?

Pour approfondir vos connaissances

- MOISSERON, Jean-Yves, et Daguzan Jean-François, « Les ambitions régionales marocaines en Afrique Sub-saharienne : une diplomatie royale », *Maghreb - Machrek*, 2019/2 (N° 240), p. 77-91.
- HMIOUI, Aziz, et Erick Leroux. « La place du tourisme durable dans la stratégie de développement touristique du Maroc à l'horizon 2020 », *Maghreb - Machrek*, 2019/1 (N° 239), p. 9-20.
- METALSI, Mohamed. *Maroc, cités d'art, cités d'histoire*. Paris : L'Harmattan Maghreb, 2018.

Leçon 8

Les oliviers dans le paysage de la Tunisie

oliveraie *n.f.* 油橄榄园

peaufiner *v.t.* 精雕细琢

emballage *n.m.* 包装
conditionner *v.t.* 包装

en vrac *loc.adv.* 散装地
palier *n.m.* 水平

  Entre mer, désert, montagnes et vertes collines, des oliveraies à perte de vue. On parle de 1,8 million d'hectares répartis sur tout le territoire. Environ 82 millions d'oliviers. La Tunisie peaufine ses huiles d'olive depuis la création de Carthage[1]. Visiter le pays en goûtant certaines d'entre elles ajoute un grand plus au voyage.

  (…)

  Si l'on associe avant tout la fabrication des huiles d'olive de qualité à l'Italie, à la Grèce et à l'Espagne, la Tunisie occupe désormais une place bien loin d'être négligeable. Ce pays de la côte méditerranéenne est l'un des plus grands producteurs au monde.

  Selon les données de PACKTEC[2], la structure d'appui aux entreprises de l'emballage et de l'imprimerie chargée de la promotion de l'huile d'olive tunisienne conditionnée, la production s'élève à 340 000 tonnes, et la quantité exportée à 312 000 tonnes. Quant à l'huile conditionnée, l'exportation est de quelque 20 000 tonnes.

  Dans le magazine en ligne *Kapitalis*, Cain Burdeau parle d'une « révolution verte qui suit son cours ». « Durant la dernière décennie, la fabrication d'huile d'olive en Tunisie est passée du stade de la production d'une huile d'olive en vrac bon marché destinée à l'exportation vers l'Italie et autres marchés, au palier supérieur de la création et de la valorisation des marques locales indépendantes. » Le travail semble porter ses fruits.

---

1 **Carthage**：迦太基，北非的古代城市和城邦，位于现在的突尼斯附近。在腓尼基语中，迦太基意为"新城"。迦太基是奴隶制国家，曾称霸地中海西部地区，在 3 次布匿战争（公元前 264 年—公元前 241 年、公元前 218 年—公元前 201 年、公元前 149 年—公元前 146 年）后被罗马所灭。

2 **PACKTEC**：突尼斯工业部下属的包装技术中心，法文全称为 Centre Technique de l'Emballage et du Conditionnement。

Dougga

primer *v.t.* 发奖

condiment *n.m.* 调味品

Résultat ? Plusieurs marques d'huile d'olive extra-vierge tunisienne ont été primées lors de prestigieux concours internationaux, comme ceux de Tokyo, de New York, de Los Angeles… La Tunisie travaille fort pour faire de son huile d'olive un condiment de qualité, commercialisé en bouteille, avec une origine et des saveurs originales. Et bio.

Les olives sont dans l'ADN[3] des Tunisiens depuis la fondation de Carthage par les Phéniciens[4]. Une légende raconte que ce serait la reine Didon – ou Élyssa, sœur du roi Pygmalion (Tyr[5]) – qui fonda la cité. Une huile d'olive tunisienne, la Terra Delyssa, s'est d'ailleurs inspirée de cette légende pour son marketing. En passant, on retrouve assez facilement cette huile extra-vierge bio dans les épiceries de Montréal. On la reconnaît à son étiquette jaune représentant

---

3　**ADN :** Acide désoxyribonucléique 的缩写，即英文中的 DNA，脱氧核糖核酸。

4　**les Phéniciens :** 腓尼基人，是闪米特人的一支，与犹太人、阿拉伯人同出一系。腓尼基是地中海东岸的古国，其范围大致相当于今天的黎巴嫩，与现在的叙利亚和以色列的一部分接壤。腓尼基人擅长航海与经商，由于腓尼基地狭人稠，他们便向其在航线上建立的贸易据点殖民。迦太基就是其中的一个殖民地。

5　**Tyr :** 提尔（阿拉伯语称苏尔），黎巴嫩南部城市。

Sidi Bou Saïd

un cheval avec une branche d'olivier en guise de crinière.

Au Musée du Bardo[6], à Tunis, plusieurs mosaïques chantent les louanges de l'olivier au temps des Romains. La remarquable collection du musée, récupérée dans des sites archéologiques dispersés aux quatre coins du pays, dont Carthage, Hadrumète, Dougga, Utique, El Jem, Sousse, Chebba, raconte l'histoire de toutes les civilisations qui ont façonné la Tunisie.

Parenthèse. La Tunisie comprend huit sites majeurs figurant sur la liste du patrimoine de l'UNESCO : la zone archéologique de Carthage, la cité punique de Kerkouane, l'amphithéâtre d'El Jem, les médinas de Tunis, Sousse et Kairouan, le site de Dougga et le parc national de l'Ichkeul.[7] Et une douzaine d'autres en attente de le devenir.

crinière *n.f.* 马鬃
mosaïque *n.f.* 马赛克画
louange *n.f.* 赞美

punique *adj.* 〔史〕布匿的；布匿人的（古代罗马人称腓尼基人特别是迦太基人为布匿人）
médina *n.f.* 〈阿〉（旧时北非和撒哈拉以南地区城市中的）老区

6　le Musée du Bardo：突尼斯的巴尔杜国家博物馆，馆内保存有大量的马赛克镶嵌画。
7　突尼斯现有7处世界文化遗产：迦太基遗址、科克瓦尼布尼城及其陵园、杰姆的圆形竞技场、突尼斯老城（突尼斯城的麦地那）、苏塞古城（苏塞的麦地那）、凯鲁万、沙格镇。还有1处世界自然遗产：伊其克乌尔国家公园。

Toujours est-il que si les Phéniciens, qui entretenaient des liens étroits avec cet arbre, ont apporté l'olivier en Tunisie, c'est sous l'Empire romain que l'oléiculture a pris de l'expansion. Comme l'irrigation et les méthodes d'extraction de l'huile d'olive. Et l'olive a répondu à l'appel : le climat de la Tunisie était parfait pour son développement.

La richesse de l'huile d'olive était telle sous les Romains qu'elle a justifié la construction de palais, de villas, d'aqueducs, de cités et du fameux amphithéâtre d'El Jem — le troisième du monde antique, après celui de Capoue[8] et le Colisée de Rome[9].

Puis, il y aurait eu ralentissement de la production d'huile d'olive lors de la conquête arabe, suivi d'une disparition graduelle des oliveraies, les nomades préférant les pâturages. La culture des oliviers reprendra au moment de la colonisation française.

L'oliveraie, qui s'étend sur 300 hectares et abrite 15 000 oliviers, niche dans un joli paysage rural vallonné, entre le massif de Zaghouan et la plaine de Bouficha.

« Ici, tout est fait manuellement, la cueillette, la trituration, le conditionnement et le stockage », précise Mounir Boussetta, producteur et propriétaire du domaine de Segermès, situé au nord-est de la Tunisie, à une soixantaine de kilomètres de Tunis. « Et toutes les cultures sont certifiées biologiques par ECOCERT[10], depuis 2011 », dit-il fièrement.

(…)

Entre la mi-mai et la mi-juin, l'olivier est en fleurs. À la fin août, les olives ont atteint leur taille définitive. Elles sont de couleur vert cru. Dès qu'arrive l'automne, elles vivent au vert tendre, puis au vert pâle. Si on les laisse profiter du soleil, elles se teintent de

---

8 **celui de Capoue** : l'amphithéâtre de Capoue，卡普阿圆形剧场，位于意大利的卡普阿市（公元前 73 年斯巴达克思起义爆发地），其规模仅次于罗马斗兽场。

9 **le Colisée de Rome** : 罗马斗兽场。

10 **ECOCERT** : 法国国际生态认证中心，世界上最大的有机认证机构之一。

rose et de mauve pour passer au violet, au brun foncé et au noir. La cueillette se fait en moyenne entre les mois d'octobre et février. Un bon moment pour venir au pays et visiter quelques moulins à huile en activité. Les oliviers poussent sur tout le territoire tunisien.

mauve *n.m.* 淡紫色

moulin à huile 榨油机

Hélène Clément

Extrait de l'article « Les oliviers dans le paysage de la Tunisie »,
publié le 30 juin 2018 dans le quotidien *Le Devoir*

La Rose de sable

Compréhension du texte

I. Compréhension générale :

1. Si vous allez en Tunisie, que trouverez-vous certainement dans les champs selon l'auteur ?
2. Présentez la culture des oliviers en Tunisie par des chiffres.
3. Quels sont les pays les plus connus dans la fabrication de l'huile d'olive de qualité ?
4. La Tunisie vit en ce moment une « révolution verte », de quoi s'agit-il réellement ? Quels sont les fruits de cette révolution ?
5. Selon la légende, qui a fondé Carthage ? Quel est le moyen typique des Tunisiens pour la commémorer ?
6. Qu'est-ce qu'on peut voir au Musée du Bardo ? À quoi servent ces mosaïques venues des quatre coins du pays ?
7. L'oléiculture connaît sa première expansion à quelle époque ? Et comment ?
8. Qu'est-ce que l'huile d'olive a apporté aux Tunisiens à l'époque des Romains ?
9. Pourquoi la production d'huile d'olive s'est-elle ralentie à l'époque des Arabes ?

II. Vrai ou faux ?

1. La Tunisie est le plus grand pays producteur de l'huile d'olive du monde.
2. Le climat méditerranéen est favorable à la culture des oliviers.
3. La Tunisie ne fabrique que de l'huile conditionnée.
4. Depuis l'Empire romain, la production d'huile d'olive se porte toujours bien.
5. La colonisation française a entraîné la disparition graduelle des oliveraies en Tunisie.

Extension

Sujets d'exposé, d'activité ou de dissertation :

- La Tunisie pourrait-elle être votre future destination de voyage ? Pourquoi ?
- La Tunisie est un carrefour où de différentes cultures se croisèrent. Que pensez-vous de cet héritage historique ? Est-ce un atout pour la Tunisie ?

Pour approfondir vos connaissances

- TRABELSI, Salma. « La mise en récit d'un territoire en difficulté : la Tunisie post-révolution », *Synergies monde méditerranéen*, 2015 (N° 5), p. 43-57.
- KHADER, Bichara, « La Tunisie fut-elle l'hirondelle qui annonçait le printemps arabe ? », *Outre-Terre*, 2011/3 (N° 29), p. 177-192.
- BESSIS, Sophie. *Histoire de la Tunisie : de Carthage à nos jours*. Paris : Tallandier, 2019.

Quiz

1. Que signifie le mot « Maghreb » ?

    ☐ A. Le couchant. ☐ B. Une grande rivière. ☐ C. Un grand désert.

2. Quelle est la capitale de l'Algérie ?

    ☐ A. Alger. ☐ B. Constantine. ☐ C. Oran.

3. De quelle année à quelle année s'étend la période coloniale de l'Algérie ?

    ☐ A. De 1830 à 1960. ☐ B. De 1830 à 1961. ☐ C. De 1830 à 1962.

4. À quelle guerre les accords d'Évian ont-ils mis fin ?

    ☐ A. La guerre d'Algérie. ☐ B. La guerre du Vietnam. ☐ C. La guerre du Cameroun.

5. Où Emmanuel Macron a-t-il évoqué la question de la colonisation française trois mois avant son élection à la présidence française ?

    ☐ A. À Paris. ☐ B. À Alger. ☐ C. À Londres.

6. Qui est le père du roi Mohammed VI ?

    ☐ A. Hassan II. ☐ B. Mohammed V. ☐ C. Hassan I.

7. Quelle est la destination de la première sortie officielle de Mohammed VI en tant que roi ?

    ☐ A. Les États-Unis. ☐ B. La France. ☐ C. L'Algérie.

8. Quels sont les pays voisins de la Tunisie ?

    ☐ A. La Libye et l'Égypte. ☐ B. Le Maroc et l'Algérie. ☐ C. L'Algérie et la Libye.

9. Quel peuple a fondé Carthage ?

    ☐ A. Les Phéniciens. ☐ B. Les Romains. ☐ C. Les Juifs.

10. Quel est le nom de l'huile d'olive tunisienne qui s'est inspiré de la légende sur la fondation de Carthage ?

    ☐ A. La Terra Didon. ☐ B. La reine Didon. ☐ C. La Terra Delyssa.

11. À quel musée de Tunis expose-t-on des mosaïques qui chantent les louanges de l'olivier au temps des Romains ?

    ☐ A. Au Musée de la Céramique Sidi Qacem Jellizi.

    ☐ B. Au Musée du Bardo.

    ☐ C. Au Musée des Arts et Traditions populaires Dar Ben Abdallah.

12. Combien de sites tunisiens sont classés dans la liste du patrimoine de l'UNESCO ?

    ☐ A. 8.   ☐ B. 9.   ☐ C. 10.

13. Où se trouve Marrakech ?

    ☐ A. En Tunisie.   ☐ B. Au Maroc.   ☐ C. En Algérie.

14. À quelle époque l'oléiculture tunisienne a-t-elle pris de l'expansion ?

    ☐ A. Sous l'Empire romain.

    ☐ B. Sous la domination ottomane.

    ☐ C. Lors de la conquête arabe.

15. En quelle année le Maroc est-il redevenu membre de l'Union africaine ?

    ☐ A. En 2002.   ☐ B. En 2017.   ☐ C. En 1984.

16. Où Albert Camus est-il né ?

    ☐ A. En Algérie.   ☐ B. En Tunisie.   ☐ C. Au Maroc.

17. Lequel des pays suivants n'est pas membre de l'Union du Maghreb arabe ?

    ☐ A. L'Égypte.   ☐ B. La Mauritanie. ☐ C. Le Maroc.

18. Quelle est la langue officielle du Maroc ?

    ☐ A. Le français.   ☐ B. L'arabe   ☐ C. L'amazighe.

19. Dans quel pays a eu lieu la Révolution de Jasmine en 2011 ?

    ☐ A. En Tunisie.   ☐ B. Au Maroc.   ☐ C. En Libye.

20. Quelle est la religion majeure du Maghreb ?

    ☐ A. L'islam.   ☐ B. Le christianisme. ☐ C. L'animisme.

21. Quel pays est très proche du Maroc, et en est séparé par un détroit ?

    ☐ A. La France.   ☐ B. La Mauritanie. ☐ C. L'Espagne.

22. Quand se déroule l'histoire du film *Casablanca* ?

☐ A. Pendant la Première Guerre mondiale.

☐ B. Pendant la Seconde Guerre mondiale.

☐ C. Pendant la Guerre froide.

23. Lequel de ces plats suivants est une spécialité maghrébine ?

☐ A. Le tagine.   ☐ B. La bouillabaisse.   ☐ C. Les tapas.

24. Dans quel pays africain le film *Patient anglais* a-t-il été tourné ?

☐ A. En Côte d'Ivoire.   ☐ B. En Tunisie.   ☐ C. Au Gabon.

25. Quelle est la monnaie de l'Algérie ?

☐ A. Le dinar algérien.   ☐ B. Le franc algérien.   ☐ C. Le dirham algérien.

26. Laquelle de ces villes suivantes n'est pas une ville côtière ?

☐ A. Bizerte.   ☐ B. Fès.   ☐ C. Oran.

27. De quel pays le père de Zinédine Zidane est-il originaire ?

☐ A. De l'Algérie.   B. De l'Italie.   ☐ C. Du Maroc.

28. Où se trouve le port de l'Amitié ?

☐ A. À Nouakchott.   ☐ B. À Oran.   ☐ C. À Casablanca.

29. Sur combien de pays s'étend le désert du Sahara ?

☐ A. 5.   ☐ B. 10.   ☐ C. 15.

30. Comment s'appelle le massif volcanique du sud-est algérien, culminant à 2 918 m ?

☐ A. L'Atlas saharien.   ☐ B. Le Hoggar.   ☐ C. Le Tibesti.

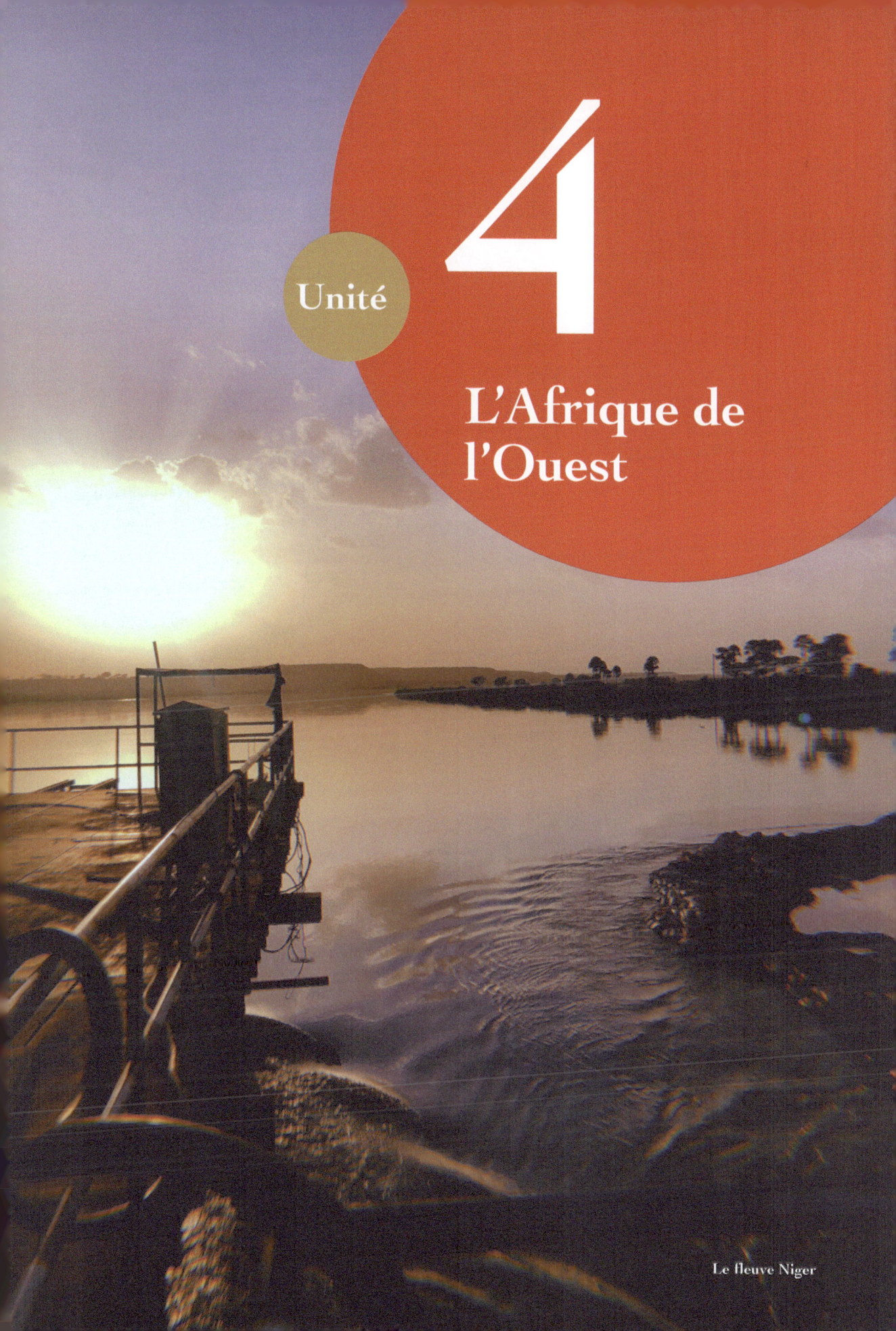

Unité 4

L'Afrique de l'Ouest

Le fleuve Niger

Leçon 9

La femme dans les mythes de Côte d'Ivoire

La place faite à la femme dans la société ivoirienne moderne est souvent dénoncée par les associations et organisations féminines. Sont constamment soulevés la mauvaise visibilité de la place de la femme dans les institutions politiques et circuits économiques, les problèmes de la parité, les violences faites aux femmes. Sont également dénoncés les choix de systèmes éducatifs défavorables à la femme. Deux légendes apportent des arguments sur le fait que cette évolution du statut de la femme de l'antiquité doit être considérée comme une grave remise en question des statuts et rôles de la femme en Côte d'Ivoire. L'une concerne le **mythe** de la création proposé par le peuple diéli[1] de Korhogo[2] que Gilbert Bochet[3] (1959) **apparente** au grand groupe sénoufo[4], situé dans le Nord de la Côte d'Ivoire. L'autre, relative à la Reine Abla Pokou et la naissance du peuple baoulé[5] est rapportée dans un texte de Maurice Delafosse[6] (1900). Le message contenu dans ces mythes est la place de la femme dans la société et la réécriture par les acteurs d'un scénario catastrophe à l'avantage de l'homme. (…)

Les Baoulé qui peuplent le Centre de la Côte d'Ivoire et repré-

---

mythe *n.m.* 神话

apparenter *v.t.* 使……结亲

---

1 **le peuple diéli**：迭里族，科特迪瓦民族。

2 **Korhogo**：科霍戈，科特迪瓦北部城镇，科霍戈省首府。

3 **Gilbert Bochet**：吉尔贝·博歇，法国的一位科特迪瓦问题专家。

4 **le grand groupe sénoufo**：西诺佛民族，生活在布基纳法索、马里南部和科特迪瓦北部等地，是科特迪瓦最古老的民族之一。

5 **le peuple baoulé**：巴乌莱族，科特迪瓦民族。

6 **Maurice Delafosse**：莫里斯·德拉福斯（1870—1926），法国前殖民官员，非洲学学者、人种学家。

sentent l'une des soixante-dix ethnies ont une légende se rapportant à une femme célèbre, la Reine Abla Pokou, fondatrice du Royaume Baoulé de Sakassou[7], voire du peuple baoulé. Ils situent leur origine à l'Est de la Côte d'Ivoire, à Kumasi[8] dans le territoire actuel de la République du Ghana. La légende dit qu'après la mort du Roi Osei Tutu qui dirigea le Royaume de Kumasi de 1700 à 1731, une femme, Abla Pokou s'impliqua dans sa succession en prenant parti pour Dakon, l'un des candidats à la succession au trône. Mais Dakon fut vaincu et tué. Craignant pour sa vie, Abla Pokou choisit l'exil avec ses partisans. Ils fondèrent un nouveau Royaume au centre du territoire actuel de la Côte d'Ivoire, le royaume de Sakassou, peuplé par les Baoulé. Le chemin de cet exil fut marqué par un obstacle fluvial qui avait été franchi miraculeusement après y avoir sacrifié un enfant, celui d'Abla Pokou. Pour avoir sauvé la vie de tous, en acceptant de sacrifier son enfant dans le fleuve Comoé[9], Abla Pokou se proposa d'être leur reine et obtint leur assentiment. La légende se termine ainsi et c'est pourquoi ce peuple s'appelle Baoulé « l'enfant y est mort », parce qu'il avait accepté le sacrifice de ce qu'il avait de plus précieux, un enfant.

Les lycéennes

fluvial, e *adj.* 河流的

assentiment *n.m.* 同意，赞同

La deuxième légende nous introduit dans l'univers cosmogonique du peuple sénoufo, situé au Nord de la Côte d'Ivoire, notamment celui des Diéli de Korhogo. (…) Pour les Diéli, la femme n'est jamais loin dans les mythes de la création de l'univers. Pour ce groupe la création de l'univers s'est faite en trois étapes. La première a d'abord été l'apparition de la matière avec la séparation de la terre et des eaux et celle des cinq animaux mythiques : le calao, l'un des

cosmogonique *adj.* 宇宙起源论的

calao *n.m.* 犀鸟

7　**Sakassou**：萨卡苏，科特迪瓦中部城市。

8　**Kumasi**：库马西，加纳第二大城市。

9　**le fleuve Comoé**：科莫埃河，发源于布基纳法索西南部，自北向南流经科特迪瓦东部，最后注入几内亚湾。

Les cacaoyers

caméléon *n.m.* 变色龙

motifs artistiques les plus sculptés à Korhogo ; le caméléon, qu'on retrouve dans la création de la terre dans les mythes Yoruba[10] au Nigeria ; le serpent, présent aussi dans les récits des Fon[11] au Bénin ; le crocodile et la tortue. Dans la deuxième étape, l'homme apparaît. Dans la troisième étape, la condition de l'homme lui est révélée de même que l'octroi des techniques, des animaux domestiques, des plantes cultivables. En même temps que l'organisation des collectivités se fait, Koulotiéléo « la vieille mère de l'univers » va s'incarner sous forme de Katiéléo[12] dans chacune des collectivités.

Les mythes de la représentation cosmogonique de l'univers et de sa création chez les Diéli de Korhogo, de même que la légende d'Abla Pokou admettent qu'à l'origine de la création d'un peuple, il

---

10 **Yoruba**：约鲁巴人，尼日利亚第二大民族。

11 **les Fon**：丰族，贝宁民族。

12 **Katiéléo**：意为 mère du village。

y a la femme dans son statut de génitrice. Dans ces légendes il faut noter que la femme est capable également de jouer un rôle politique de premier plan. La place et le statut que la femme a occupé et joué historiquement dans les récits mythiques sont en contradiction avec les problèmes qui lui sont aujourd'hui opposés. Cette évolution négative de ses rôles et statuts reflète la décadence de l'institution éducative et dans une large mesure l'incapacité de la société à trouver une symbiose parfaite dans le fonctionnement de ses différentes composantes et une cohésion.

décadence *n.f.* 没落

symbiose *n.f.* 共生

Drissa Koné

Extrait de l'article « La femme dans les mythes de Côte d'Ivoire »,
publié dans *Perspectives Psy* 2009/4 (Vol. 48)

Compréhension du texte

I. Compréhension général :

1. Dans quelles conditions les femmes ivoiriennes vivent-elles aujourd'hui selon les associations et organisations féminines ?
2. Les deux légendes sont-elles relatives au même peuple ? Quel est leur thème respectif ?
3. Que contiennent ces deux légendes comme message ?
4. Selon la première légende, quelle est l'origine du peuple baoulé ? Que signifie le nom Baoulé ?
5. Comment Abla Pokou est-elle devenue la reine du Royaume Baoulé de Sakassou ?
6. De quel peuple s'agit-il dans la deuxième légende ?
7. Pour les Diéli, quel rôle la femme joue-t-elle dans l'univers ?
8. Que signifie l'expression « Koulotiéléo » ?

II. Traduisez les passages suivants en chinois :

1. La place faite à la femme dans la société ivoirienne moderne est souvent dénoncée par les associations et organisations féminines. Sont constamment soulevés la mauvaise visibilité de la place de la femme dans les institutions politiques et circuits économiques, les problèmes de la parité, les violences faites aux femmes. Sont également dénoncés les choix de systèmes éducatifs défavorables à la femme.

2. Les Baoulé qui peuplent le Centre de la Côte d'Ivoire et représentent l'une des soixante-dix ethnies ont une légende se rapportant à une femme célèbre, la Reine Abla Pokou, fondatrice du Royaume Baoulé de Sakassou, voire du peuple baoulé.

3. Pour ce groupe la création de l'univers s'est faite en trois étapes. La première a d'abord été l'apparition de la matière avec la séparation de la terre et des eaux et celle des cinq animaux mythiques : le calao, l'un des motifs artistiques les plus sculptés à Korhogo ; le caméléon, qu'on retrouve dans la création de la

terre dans les mythes Yoruba au Nigeria ; le serpent, présent aussi dans les récits des Fon au Bénin ; le crocodile et la tortue.
4. Cette évolution négative de ses rôles et statuts reflète la décadence de l'institution éducative et dans une large mesure l'incapacité de la société à trouver une symbiose parfaite dans le fonctionnement de ses différentes composantes et une cohésion.

Extension

Sujets d'exposé, d'activité ou de dissertation :
- Quel rôle jouent les mythes dans la vie culturelle africaine ?
- Sauriez-vous raconter un mythe chinois du même genre et puis le comparer aux deux légendes ivoiriennes ?

Pour approfondir vos connaissances

- MIRAN-GUYON, Marie. « Côte d'Ivoire, le retour de l'éléphant ? Introduction thématique », *Afrique contemporaine*, 2017/3 (N° 263-264), p. 11-24.
- ADOM, Marie-Clémence. *Anthologie de la poésie ivoirienne*. Paris : L'Harmattan, 2014.
- BIBLI, Robert-Jonas Kouame. *Côte d'Ivoire, du chaos à la renaissance : derniers assauts contre la souveraineté*. Paris : L'Harmattan, 2015.

Deux pêcheurs au travail

Leçon 10

Le financement de la culture au Mali

vanter *v.t.* 夸奖；吹嘘

décompte *n.m.* 细账

gouvernement *n.m.* 管理

aire *n.f.* 领域；空地

plus-value *n.f.* 增值；剩余价值

indécent, e *adj.* 不适当的
ravage *n.m.* 破坏，损害

Le Mali est classé parmi les pays les plus pauvres du monde. Toutefois, il est l'un des pays africains dont la richesse culturelle est vantée à l'intérieur comme à l'extérieur du territoire national. Ce paradoxe est intéressant à analyser car logiquement il signifie soit que cette richesse culturelle n'entre pas dans le décompte et les calculs statistiques des richesses globales d'un pays, soit qu'elle n'est qu'une pure illusion collective. Il semble qu'en quarante années d'indépendance, le gouvernement malien ait renforcé ce paradoxe plutôt qu'il ne l'ait éclairci. (…) Il n'y a jamais eu de véritable politique culturelle qui permette la prise en compte de ce secteur dans le développement économique et social du pays. Dans toutes les aires sociales du Mali, la culture s'exprime et est vécue par les communautés locales. Cette expression culturelle est différente de la politique culturelle que l'État doit mettre en œuvre. La première est destinée à la consommation courante des communautés, la deuxième vise à l'organisation, l'augmentation et l'amélioration de la production culturelle afin qu'au-delà de la satisfaction des besoins culturels locaux, celle-ci sorte du territoire pour s'enrichir et rapporter de la plus-value.

Un autre paradoxe de la « chose culturelle » mine les ambitions les plus pertinentes du pays : la culture est importante au Mali, mais les décideurs, au plus haut niveau de l'État, considèrent comme « indécent » de mettre des ressources financières importantes dans des actions artistiques alors que le Sida fait des ravages, que la majorité de la population nationale ne mange pas à sa faim et ne dispose pas d'eau potable, etc. Le budget national 2006 consacre seulement 0,74% à la culture.

(…)

Le budget culturel de l'État malien prend en charge le fonctionnement des institutions culturelles (salaires et équipements des directions nationales et régionales et des services rattachés) mais seulement une très faible part de l'investissement. En effet, construite sur un modèle centralisé, l'institution culturelle malienne est caractérisée par les effectifs pléthoriques de son personnel. Le budget alloué n'arrive pas à dégager des ressources financières pour la création d'œuvres nouvelles. Pour l'année 2006, le budget du ministère de la Culture a été de 3,7 milliards de francs CFA[1] (5 659 154 euros). Seulement 930 millions de francs CFA, soit 25% de ce budget, sont consacrés aux investissements. Tout le reste, soit 75%, est destiné au fonctionnement et aux charges salariales.

Ainsi, le développement de la culture au Mali doit faire recours à des acteurs extérieurs.

La Commission européenne, sur la période 2005-2007, contribue au développement culturel du Mali, en soutenant des actions culturelles retenues au titre du Cadre stratégique de lutte contre la pauvreté (CSLP)[2]. Ainsi, l'enveloppe du Programme d'appui et de valorisation des initiatives artistiques et culturelles (2005-2008) est de 4,9 millions d'euros soit environ 3,2 milliards de francs CFA. Ce budget est réparti entre, d'une part un volet « appui à la création » mis en œuvre par le Programme de soutien aux initiatives culturelles décentralisées (PSIC) et d'autre part un volet « appui institutionnel » au ministère de la Culture malien.

(...)

pléthorique *adj.* 过剩的
allouer *v.t.* 拨给（款项）

volet *n.m.* 部分

---

1 马里使用的货币为非洲法郎中的西非法郎。西非法郎全称为非洲金融共同体法郎（Franc de la Communauté financière d'Afrique），是西非经济货币联盟（Union économique et monétaire ouest-africaine）8个成员国（贝宁、布基纳法索、科特迪瓦、马里、尼日尔、塞内加尔、多哥、几内亚比绍）的统一货币。西非法郎是法国和西非经货联盟成员国之间金融、经济合作的重要工具。中部非洲经济与货币共同体（Communauté économique et monétaire de l'Afrique centrale）的6个成员国（赤道几内亚、刚果共和国、加蓬、喀麦隆、乍得、中非共和国）使用的则是中非法郎，其全称为中非金融合作法郎（Franc de la Coopération financière en Afrique centrale）。西非法郎和中非法郎常合称"非洲法郎"。事实上，非洲法郎还包括科摩罗法郎。

2 Cadre stratégique de lutte contre la pauvreté (CSLP)：《摆脱贫困战略框架》，是马里政府于2002年提出的一项消贫方案。

biennale *n.f.* 双年会

L'aide culturelle française conduite, principalement, par le Centre culturel français (CCF) soutient des manifestations internationales (la Biennale des arts du Mali, les Rencontres de la photographie africaine, les Rencontres théâtrales, les festivals Étonnants Voyageurs, Écrans libres, Essakane³). Elle accompagne aussi le ministère de la Culture du Mali dans l'organisation de fêtes culturelles nationales françaises au Mali (Lire en fête, le Printemps des poètes, la Fête de la musique). Environ 600 000 euros sont mobilisés au titre de l'aide à la culture par la Coopération française⁴. « L'objectif de la coopération culturelle est double : encourager la diffusion de la culture du Mali tout en assurant la promotion de la culture française ».

au titre de… *loc.prép.* 以……的名义；依据

Amadou Chab Touré
Extrait de l'article « Le financement de la culture au Mali »,
publié dans *Africultures* 2006/4 (N° 69)

Un petit footballeur

3　Essakane：埃萨卡内，马里的一个小镇。2003 年至 2009 年的马里沙漠音乐节在此处举行。

4　la Coopération française：此处指法国与非洲国家之间的合作。Coopération 一词在法非关系中有特殊含义，法国曾设有合作部（ministère de la Coopération），管理与其前殖民地国家之间的合作，后并入外交部。

Compréhension du texte

I. Compréhension générale :

1. En quoi consiste le paradoxe dont l'auteur a parlé ?
2. À quoi sert la politique culturelle d'un pays selon l'auteur ?
3. Que pense l'auteur de l'attitude du gouvernement malien à l'égard de la culture ?
4. Pourquoi les hauts responsables de l'État malien sont-ils réticents à financer les actions artistiques ?
5. Quel pourcentage occupe le budget culturel dans le budget national au Mali ?
6. Pourquoi la culture malienne a-t-elle connu des développements sur la période 2005-2007 ?
7. Plusieurs manifestations internationales s'organisent au Mali grâce à l'aide culturelle française, pouvez-vous en citer quelques exemples ?
8. Quelles sont les fêtes culturelles nationales françaises auxquelles les Maliens ont la possibilité de participer sans avoir à sortir de leur pays ?

II. Vrai ou faux ?

1. Le Mali est l'un des pays les plus pauvres du monde.
2. Le gouvernement malien essaie depuis une quarantaine d'années de changer les politiques culturelles du pays.
3. Faute d'argent, il manque d'effectifs dans les institutions culturelles maliennes.
4. L'aide financière de la Commission européenne soutient uniquement la création culturelle au Mali.
5. La coopération culturelle entre la France et le Mali ne bénéficie qu'à la diffusion culturelle du Mali.

Extension

Sujets d'exposé, d'activité ou de dissertation :

- Faites une recherche sur les sites historiques maliens classés dans la liste du patrimoine culturel de l'UNESCO.
- Comment expliquer les relations culturelles entre la France et le Mali ?
- Dans quelle mesure la culture pourrait-elle favoriser le développement économique du Mali ?

Pour approfondir vos connaissances

- DUBUY, Mélanie. « La spécificité de la menace terroriste au Mali : quelles conséquences internationales ? », *Civitas Europa*, 2013/2 (N° 31), p. 35-57.
- BOSC, Pierre-Marie, et Marie-Hélène Dabat. « Quelles politiques de développement durable au Mali et à Madagascar ? », *Économie rurale*, 2010/6 (N° 320), p. 24-38.
- 张忠祥，石海龙. 马里 [M]. 北京：社会科学文献出版社，2018.

Leçon 11

L'évolution politique du Niger

délétère *adj.* 有害的，有毒的

coup d'État 政变

junte *n.f.* 委员会

De la cinquième République au coup d'État militaire : 1999-2011[1]

(...)

C'est dans un climat politique délétère que, le 18 février 2010, le président Tandja est renversé lors d'un coup d'État militaire conduit par le général Salou Djibo. Une junte militaire dénommée Conseil suprême pour la restauration de la démocratie prend le pouvoir et suspend la Constitution contestée de 2009. Les militaires s'engagent à ne pas se présenter à la future élection présidentielle et mettent en place un ensemble d'institutions en vue de préparer le retour à l'ordre constitutionnel : le gouvernement dirigé par Mahamadou Danda[2], un Conseil consultatif national servant de Parlement de transition présidé par Marou Amadou[3], un Comité des textes fondamentaux chargé de préparer la nouvelle Constitution et la loi électorale présidé par Mamoudou Gazibo[4] et un Conseil constitutionnel de transition présidé par Fatoumata Bazèye Salifou[5], présidente de la Cour constitutionnelle dissoute par le président Tandja en 2009.

(...)

---

1. 尼日尔自1960年独立后几经政治动荡和军事政变。1999年马马杜·坦贾（Mamadou Tandja）当选总统，并于2004年连任。2009年，为谋求继续执政，坦贾解散国民议会并重组宪法法院，举行全民公投通过第六共和国宪法，将其任期延长3年，并取消连任限制。1999年至2009年是尼日尔第五共和国时期。2009年新宪法通过后，诸多民众反对，反对声音尤其来自军方。2010年2月，尼日尔部分军人发动政变，扣押坦贾，成立"恢复民主最高委员会"和过渡政府（2010年2月至2011年3月是过渡政府时期）。2011年3月，穆罕默杜·伊素福（Mahamadou Issoufou，曾于1993年至1994年任尼日尔总理）当选总统，4月宣誓就职，尼日尔进入第七共和国时期。

2. Mahamadou Danda：穆罕默杜·丹达（1951— ），尼日尔政治人物。

3. Marou Amadou：马鲁·阿马杜（1972— ），尼日尔司法和掌玺部长。

4. Mamoudou Gazibo：马穆杜·加泽博（1969— ），加拿大蒙特利尔大学政治系教授，非洲政治学专家，尼日尔裔。

5. Fatoumata Bazèye Salifou：法图玛塔·巴泽耶·萨利富（1951— ），尼日尔著名法学家。

Ces réformes juridiques encadrent l'organisation des élections locales en janvier 2011 et des élections législatives couplées au premier tour de l'élection présidentielle le 31 janvier 2011. À l'issue des élections législatives, trois forces politiques[6] se partagent les 113 sièges du Parlement. (…) Quant à l'élection présidentielle, à l'issue du second tour organisé le 12 mars 2011, le leader de l'opposition Mahamadou Issoufou, président du PNDS, qui se présentait pour la quatrième fois à ce scrutin, est élu avec 58% des suffrages, devant Seini Oumarou[7]. Les militaires rendent le pouvoir, comme ils s'y étaient engagés.

Le retour à la démocratie : la septième République (2011-)

investir v.t. 授权（此处指上任）

Investi le 9 avril 2011, le président Issoufou nomme Brigi Rafini, membre du PNDS, Premier ministre d'un gouvernement de coalition. Le candidat du MODEN/FA, Hama Amadou, arrivé troisième au premier tour de la présidentielle avant de soutenir Mahamadou Issoufou, est élu président de l'Assemblée nationale.

Le président lance un programme ambitieux baptisé « Programme de la renaissance ». Il vise entre autres l'autosuffisance alimentaire à travers l'initiative 3N (les Nigériens Nourrissent les Nigériens), un programme de vitalisation du secteur agro-pastoral et d'irrigation, et la construction d'infrastructures avec le projet du barrage hydroélectrique de Kandadji sur le fleuve Niger à la frontière du Mali, le chemin de fer entre le Bénin et le Niger et la construction de la centrale électrique thermique de Gorou Banda en périphérie de Niamey. En parallèle, il s'attèle à moderniser les villes en instaurant la célébration tournante de la fête de la République dans les principales villes qui bénéficient alors de grands travaux d'urbanisation,

agro-pastoral, e adj. 农牧业的

s'atteler v.pr. 致力于

6　尼日尔三大政党：尼日尔争取民主和社会主义党（Parti nigérien pour la démocratie et le socialisme, PNDS）、争取非洲联合尼日尔民主运动党（Mouvement démocratique nigérien pour une fédération africaine, MODEN/FA）和全国发展社会运动党（Mouvement national pour la société de développement, MNSD）。

7　**Seini Oumarou**：塞义尼·奥马鲁（1950—　），尼日尔前总理。

La Mosquée d'Agadez

à construire des routes et des infrastructures scolaires, et à renforcer l'armée dans un contexte régional d'insécurité.

    Deux ans après la formation de ce gouvernement, la situation commence cependant à se détériorer en raison des divergences grandissantes entre le chef de l'État et le président de l'Assemblée nationale dans un contexte marqué par une insécurité grandissante aux frontières du pays. Avec l'occupation du nord du Mali par des groupes armés touareg et islamistes et les actions terroristes menées par le groupe islamiste nigérian Boko Haram[8], le président Issoufou tente de former un gouvernement d'union nationale incluant l'opposition, notamment le MNSD. Mais cette idée est interprétée par le président de l'Assemblée nationale comme une manœuvre destinée d'une part à amoindrir le poids de son parti dans la majorité et d'autre

touareg *adj.inv.* 图阿雷格人的

---

8 Boko Haram：极端组织"博科圣地"。

amadouer *v.t.* 拉拢	part à amadouer l'opposition dans la perspective des inévitables alliances à négocier pour la présidentielle de 2016.
	Cette fracture génère une série de crises politiques. Celles-ci se manifestent avant tout par des scissions au sein de plusieurs partis politiques entre partisans et opposants au gouvernement d'union nationale. (…) L'opposition réunie au sein de la coalition pour l'alternance, comprenant notamment Seini Oumarou et Mahamane Ousmane[9], décide de soutenir Hama Amadou. N'obtenant pas gain de cause, l'opposition appelle les électeurs à boycotter le scrutin présidentiel. C'est sans surprise que Mahamadou Issoufou est réélu pour un second mandat le 20 mars 2016 avec 92,5% des suffrages. (…) Le président annonce la poursuite de son programme rebaptisé « Renaissance II ».
boycotter *v.t.* 抵制	

Mamoudou Gazibo, Emmanuel Grégoire, Sadou Gazibo
« NIGER », Encyclopædia Universalis [en ligne]

---

[9] **Mahamane Ousmane**：马哈曼·奥斯曼（1950—　），曾于1993年至1996年任尼日尔总统，他是尼日尔第一位民选总统。

Compréhension du texte

I. Compréhension générale :

1. Que s'est-il passé en février 2010 au Niger et quelles en sont les conséquences principales ?
2. Combien de parlementaires a-t-on élus lors des élections législatives tenues en janvier 2011 ? Ils appartiennent tous à un seul parti ?
3. Qui est Hama Amadou ? Est-il partisan du président depuis toujours ?
4. À quels problèmes sociaux le nouveau président accorde-t-il ses priorités politiques ?
5. Qu'est-ce que c'est l'initiative de 3N ?
6. Détaillez le plan de construction d'infrastructures de chef de l'État nigérien.
7. Qu'est-ce que le président envisage de faire à l'égard des villes ?
8. Face à l'insécurité aux frontières, quelle solution est proposée par Mahamadou Issoufou ? Et quelle est la réaction du président de l'Assemblée nationale ?

II. Traduisez les passages suivants en chinois :

1. Les militaires s'engagent à ne pas se présenter à la future élection présidentielle et mettent en place un ensemble d'institutions en vue de préparer le retour à l'ordre constitutionnel.
2. En parallèle, il s'attèle à moderniser les villes en instaurant la célébration tournante de la fête de la République dans les principales villes qui bénéficient alors de grands travaux d'urbanisation, à construire des routes et des infrastructures scolaires, et à renforcer l'armée dans un contexte régional d'insécurité.
3. Mais cette idée est interprétée par le président de l'Assemblée nationale comme une manœuvre destinée d'une part à amoindrir le poids de son parti dans la majorité et d'autre part à amadouer l'opposition dans la perspective des inévitables alliances à négocier pour la présidentielle de 2016.

Extension

Sujets d'exposé, d'activité ou de dissertation :

- Présentez l'histoire du Niger à partir de 1960.
- Quelles relations entretiennent la Chine et le Niger ?
- Le Niger pourrait-il vraiment aller vers la prospérité avec les deux programmes de renaissance lancés par le président Mahamadou Issoufou ? Pourquoi ?

Pour approfondir vos connaissances

- NALLET, Clélie. « Entrer et vivre dans la « petite prospérité » à Niamey. Résultats d'une enquête auprès des ménages », *Afrique contemporaine*, 2012/4 (N° 244), p. 89-98.
- VAUCELLE, Sandrine. « Le fleuve Niger et son bassin : aménagements, gouvernance et stratégies d'adaptation au changement climatique », *Les Cahiers d'Outre-Mer*, 2015/2 (N° 270), p. 243-270.
- EMMANUEL, Grégoire. « Niger : un État à forte teneur en uranium », *Hérodote*, 2011/3 (N° 142), p. 206-225.

Une vue de Dakar

Leçon 12

Le portable, un instrument qui révolutionne les mœurs au Sénégal

théocratique *adj.* 神权的	
paradigme *n.m.* 范式，规范	
jihad *n.m.* 圣战	
apogée *n.m.* 巅峰	
ethos *n.m.* 风气	
imprégner *v.t.* 浸润，浸透	
appariement *n.m.* 配对，成双	
platonique *adj.* 柏拉图式的	

Le téléphone portable joue un rôle à un autre niveau dans la façon dont les *sukaabe*[1], les filles comme les garçons, vivent leurs relations amoureuses. Ngaarejam[2] se trouve dans le Fouta-Toro, une région qui couvre une grande partie du nord du Sénégal. Celle-ci a connu très tôt l'islamisation, au moins depuis le XIe siècle. L'impact de cette religion s'est accentué suite à la révolution théocratique à la fin du XVIIIe siècle. Si le paradigme du jihad qui a connu son apogée avec le mouvement d'El Hadj Oumar Foutiyou Tall[3] s'est épuisé aujourd'hui, il n'en demeure pas moins qu'un certain ethos soufi[4] continue d'imprégner la vie de cette région. Certes, pour les jeunes, un certain nombre d'institutions, comme celle du *fedde*[5], règlent la question des appariements. De celle-ci découle un système de correspondances entre garçons et filles faisant que chaque *fedde* a une double face, féminine et masculine. Ces appariements entre *pelle*[6] sont purement platoniques car en règle générale les garçons ne

---

1 sukaabe：意为"未婚的年轻人"，其单数形式为 suka。sukaabe 与下文的 fedde 和 pelle 都是塞内加尔河谷一带部族使用的语言——普拉尔语（pulaar），是富拉语（peul）的一种。富拉语是西非语言，主要是居住在从塞内加尔、冈比亚、几内亚至喀麦隆、苏丹一带的富拉人使用，属于尼日尔 – 刚果语系的大西洋 – 刚果语族分支。

2 Ngaarejam：塞内加尔的一个村庄。

3 El Hadj Oumar Foutiyou Tall：哈吉·奥马尔·福提欧·塔勒，19 世纪塞内加尔著名伊斯兰教领袖和军事家。el 是阿拉伯语中的冠词，表达确指意义，在人名中可以不译出来。Hadj 是伊斯兰教称谓，音译为"哈吉"，专用以尊称前往伊斯兰教圣地麦加朝觐并按教法规定履行了朝觐功课的男女穆斯林。

4 soufi：意为"苏非派教义的"。苏非派（soufisme）是伊斯兰教派别之一，公元 7 世纪末产生，以神秘主义与禁欲主义为主要特点。

5 fedde：指当地的同龄社团，即把年龄相近者聚集在一起的团体形式。因为当地社会有比较严格的等级体系，年长者为尊，所以个人在自己所属的 fedde 中可以获得某种自由和平等的对待，这对年轻人来说尤为重要。

6 pelle：fedde 的复数形式。

peuvent pas prendre pour épouse une jeune fille du groupe de pairs (les filles étant jugées plus mûres). (…)

Lors de mon séjour sur le terrain qui coïncidait avec l'arrivée massive des portables dans le village, d'autres façons de vivre les sentiments s'étaient répandues. Non seulement la scolarisation multiplie les occasions pour les filles et les garçons de se rencontrer, mais elle met à mal l'existence d'institutions telles que les *pelle*, faisant que les fréquentations se font moins suivant des schémas institutionnels liés à l'âge ou au sexe, mais davantage suivant les affinités que les uns et les autres cultivent. Si l'aire du village très restreinte rend le contrôle social très fort, plutôt que de préparer des rendez-vous physiques diurnes éveillant les soupçons des adultes, les jeunes utilisent désormais les téléphones portables. Dans le cadre d'une discussion avec des jeunes, un après-midi, autour d'une séance de thé, j'introduisis la question des rendez-vous avec les filles. Ils avaient tous entre 17 et 26 ans. Soit ils étaient revenus pour quelques jours au village, soit ils s'y étaient installés pour un certain temps faute de travail en ville.

Voilà le contenu de la discussion tel que je l'ai restitué dans le cadre de mes notes de terrain le soir même : « Je vais retrouver les jeunes encore une fois sous un arbre où ils devisaient tranquillement. » L'un d'eux était en train de taper sur les touches de son portable. Je tapais l'épaule des autres, façon de les saluer. Le garçon qui tripotait son portable avait l'air concentré. Je l'interpelle. Il me répond directement : « Grand, je mets au point un rendez-vous pour ce soir. » Tout le monde rit de son audace. Puis, je continue de le « provoquer » en lui demandant ce qu'il écrit. Il me le montre sans gêne : « RV ce soir au local. » Le local, c'est le lieu où ils se retrouvent entre amis sans heure ni moment précis. Ils peuvent s'y rencontrer à chaque instant. Je lui demande s'il va la voir chez elle parfois. Il me répond : « Hors de question, tu veux que son père nous tue tous les deux… » Puis il continue en disant : « Tu diras merci encore aux Blancs. Le portable, c'est une merveille. Je prends rendez-vous avec ma copine

---

affinité *n.f.* 密切关系

diurne *adj.* 白天的

restituer *v.t.* 恢复

deviser *v.i.* 闲谈，聊天

tripoter *v.t.* 摆弄
interpeller *v.t.* 询问

par le portable. En plus, c'est le portable de son père, mais comme il ne sait pas lire, ça fait l'affaire, mais c'est elle qui l'a la plupart du temps, son père n'aime pas l'appareil, il l'utilise juste quand son frère qui est en France l'appelle. » L'un des garçons enchaîne : « Comme ça, on ne se fait pas une mauvaise réputation, personne ne peut dire qu'on est entré dans telle maison ou ailleurs… et puis ça permet d'être discret… et puis elles trouvent plein de subterfuges pour venir nous voir à la tombée de la nuit… il y a toujours des solutions… »

On voit donc à travers cet échange quels peuvent être les usages du téléphone dans la vie sentimentale dans un contexte de fort contrôle social. Les rencontres deviennent plus fréquentes sans que les adultes s'en rendent compte ou en tout cas en leur permettant de feindre de ne pas savoir.

Les jeunes vivant au village ne sont pas les seuls à trouver avantage au téléphone portable dans leur vie sentimentale. Les migrants qui ont leurs épouses ou leurs fiancées au village bénéficient aussi de l'opportunité de joindre plus souvent leurs conjointes. Le portable

enchaîner *v.t.* 接上话头

subterfuge *n.m.* 借口，遁词

migrant *n.m.* 移民（移居外地的人）

Le plus grand baobab du Sénégal

discrétion *n.f.* 谨慎；低调

alphabétisé, e *adj.* 接受扫盲的

leur assure la discrétion, alors que le téléphone public, récemment installé, n'offre pas cette garantie : il y a des passants et les autres membres de la famille entendent en général la conversation. Avant le bouleversement technologique de ces dernières années, les seuls moyens qui leur étaient offerts de communiquer avec les leurs étaient le courrier ou les cassettes enregistrées et remises aux parents qui partaient ou revenaient de vacances. Le courrier n'offrait pas des garanties de discrétion dans la mesure où les femmes, pour la plupart non alphabétisées, étaient obligées de recourir à des tiers pour la lecture. De ce fait, les courriers ne pouvaient être l'occasion d'une expression franche et libre ; au moment de la rédaction, les migrants pensaient pour une large part aux potentiels lecteurs de la lettre. (…)

Hamidou Dia

Extrait de l'article « Le téléphone portable dans la vallée du fleuve Sénégal », publié dans *Agora débats/jeunesses* 2007/4

La lutte traditionnelle de Sénégal

Compréhension du texte

I. Compréhension générale :

1. Quelle est la religion pratiquée depuis le XIe siècle à Ngaarejam dans le Fouta-Toro ? Quel rôle jouait-elle et joue-t-elle encore dans la vie sociale locale ?
2. Selon le texte, l'ethos soufi permet-il à ses croyants de vivre librement leurs relations amoureuses ?
3. Si une fille tombe amoureuse d'un garçon de son même âge, pourront-ils se marier en règle générale ?
4. Pourquoi les institutions de *pelle* déclinent-elles ?
5. À quel moyen les jeunes préfèrent-ils recourir pour fixer un rendez-vous ? Pourquoi ?
6. Qu'est-ce que le premier garçon interrogé vient de faire à l'aide de son portable selon la note de l'auteur ? S'il allait voir la fille chez elle, quel risque courrait-il ? Pourquoi ?
7. Pourquoi préfère-t-on le portable au téléphone public récemment installé dans le pays selon le texte ?
8. En quoi les progrès technologiques changent-ils la communication entre les migrants et leurs conjointes ?

II. Traduisez en chinois les phrases suivantes :

1. Si le paradigme du jihad qui a connu son apogée avec le mouvement d'El Hadj Oumar Foutiyou Tall s'est épuisé aujourd'hui, il n'en demeure pas moins qu'un certain ethos soufi continue d'imprégner la vie de cette région.
2. Ces appariements entre *pelle* sont purement platoniques car en règle générale les garçons ne peuvent pas prendre pour épouse une jeune fille du groupe de pairs (les filles étant jugées plus mûres).
3. Non seulement la scolarisation multiplie les occasions pour les filles et les garçons de se rencontrer, mais elle met à mal l'existence d'institutions telles que les *pelle*, faisant que les fréquentations se font moins suivant des schémas institutionnels liés à l'âge ou au sexe, mais davantage suivant les affinités que les

uns et les autres cultivent.
4. Si l'aire du village très restreinte rend le contrôle social très fort, plutôt que de préparer des rendez-vous physiques diurnes éveillant les soupçons des adultes, les jeunes utilisent désormais les téléphones portables.
5. De ce fait, les courriers ne pouvaient être l'occasion d'une expression franche et libre ; au moment de la rédaction, les migrants pensaient pour une large part aux potentiels lecteurs de la lettre.

Extension

Sujets d'exposé, d'activité ou de dissertation :
- Racontez avec vos propres mots les changements de mœurs causés par la technologie dans la vie des Sénégalais.
- Quel est le paysage religieux au Sénégal ? Y a-t-il une coexistence de différentes religions ? Si oui, comment se fait cette coexistence ?

Pour approfondir vos connaissances

- SAMBE, Khaly. « Rites, mythes et symboles dans la lutte traditionnelle sénégalaise. Approche socio-anthropologique », *Présence Africaine*, 2011/1 (N° 183), p. 149-163.
- SENGHOR, Léopold Sédar. *Poèmes*. Paris : Éditions du Seuil, 1973.
- 巴帕·易卜希马·谢克. 法国在非洲的文化战略 [M]. 邓皓琛，译. 北京：商务印书馆，2016.

Quiz

1. Combien de pays membres y a-t-il dans l'Union économique et monétaire ouest-africaine ?
   - ☐ A. 15.
   - ☐ B. 8.
   - ☐ C. 12.

2. Combien de pays membres y a-t-il dans la Communauté économique de l'Afrique de l'Ouest ?
   - ☐ A. 15.
   - ☐ B. 8.
   - ☐ C. 12.

3. Quelle est la langue nationale la plus comprise du Sénégal ?
   - ☐ A. Le wolof.
   - ☐ B. Le haoussa.
   - ☐ C. Le peul.

4. Quelle est la monnaie de la Guinée ?
   - ☐ A. Le franc CFA.
   - ☐ B. Le dinar.
   - ☐ C. Le franc guinéen.

5. Quel traité a donné naissance à la CEDEAO ?
   - ☐ A. Le traité de Lagos.
   - ☐ B. Le traité de Niamey.
   - ☐ C. Le traité de Berlin.

6. Dans les mythes ivoiriens, que signifie « Koulotiéléo » ?
   - ☐ A. La vieille mère de la ville.
   - ☐ B. La vieille mère du village.
   - ☐ C. La vieille mère de l'univers.

7. Quelle est la capitale économique de la Côte d'Ivoire ?
   - ☐ A. Abidjan.
   - ☐ B. Kumasi.
   - ☐ C. Sakassou.

8. Qui est le premier président de la Côte d'Ivoire ?
   - ☐ A. Robert Guéï.
   - ☐ B. Félix Houphouët-Boigny.
   - ☐ C. Alassane Ouattara.

9. Dans quel pays vivent les Fon ?
   - ☐ A. Au Bénin.
   - ☐ B. En Côte d'Ivoire.
   - ☐ C. Au Togo.

10. Quel pays n'est pas voisin de la Côte d'Ivoire ?
    - ☐ A. La Guinée.
    - ☐ B. Le Burkina Faso.
    - ☐ C. Le Nigeria.

11. Au IVe siècle, sous le règne de quel empire le Mali d'aujourd'hui se trouvait-il ?
    - ☐ A. L'Empire du Ghana.
    - ☐ B. L'Empire songhaï.
    - ☐ C. L'Empire du Mali.

12. Quel est le principal produit agricole du Mali ?
    - ☐ A. Le cacao.
    - ☐ B. Le coton.
    - ☐ C. Le café.

13. Lequel des pays suivants a été un protectorat allemand ?
    - ☐ A. Le Togo.
    - ☐ B. La Guinée.
    - ☐ C. Le Sénégal.

14. Quelle ville abrite le Festival panafricain du cinéma et de la télévision ?
    - ☐ A. Ouagadougou.
    - ☐ B. Sfax.
    - ☐ C. Nouakchott.

15. Lequel des sites maliens classés dans la liste du patrimoine mondial de l'UNESCO a subi de graves endommagements en 2012 ?
    - ☐ A. Djenné.
    - ☐ B. Le tombeau des Askia.
    - ☐ C. Tombouctou.

16. À quel public s'adresse principalement la Biennale des arts du Mali ?
    - ☐ A. À la jeunesse.
    - ☐ B. Aux enfants.
    - ☐ C. Aux étudiants.

17. Laquelle des langues suivantes n'est pas une langue officielle de la Guinée équatoriale ?
    - ☐ A. Le français.
    - ☐ B. L'espagnol.
    - ☐ C. L'allemand.

18. Quel est le premier pays francophone de l'Afrique de l'Ouest qui ait proclamé son indépendance ?
    - ☐ A. La Guinée.
    - ☐ B. Le Bénin.
    - ☐ C. La Côte d'Ivoire.

19. Pour quelle ressource minière le Niger est-il connu ?
    - ☐ A. L'uranium.
    - ☐ B. Le phosphate.
    - ☐ C. Le diamant.

20. Quel site sénégalais est un rappel au commerce d'esclaves ?
    - ☐ A. L'île de Gorée.
    - ☐ B. Le lac rose.
    - ☐ C. Le port Saint-Louis.

21. Quel est le système politique du Niger ?
    - ☐ A. Présidentiel.
    - ☐ B. Semi-présidentiel.
    - ☐ C. Parlementaire.

22. Quel est le plus grand pays producteur de caoutchouc du continent africain ?
    - ☐ A. L'Angola.
    - ☐ B. Le Cameroun.
    - ☐ C. La Côte d'Ivoire.

23. Parmi les trois noms ci-dessous, lequel a été le secrétaire général de l'OIF ?
    - ☐ A. Léopold Sédar Senghor.
    - ☐ B. Abdou Diouf.
    - ☐ C. Abdoulaye Wade.

24. Quelle est la capitale du Bénin ?
    - ☐ A. Cotonou.
    - ☐ B. Bamako.
    - ☐ C. Porto-Novo.

25. Quelle religion a le plus de croyants au Sénégal ?
    - ☐ A. L'islam.
    - ☐ B. Le christianisme.
    - ☐ C. L'animisme.

26. Quel pays d'aujourd'hui désigne la « Haute-Volta » ?

    ☐ A. Le Mali.   ☐ B. Le Sénégal.   ☐ C. Le Burkina Faso.

27. Quel est le surnom de l'équipe de football sénégalaise ?

    ☐ A. Les Lions indomptables.   ☐ B. Les Lions de la Teranga.   ☐ C. Les Lions de l'Atlas.

28. Quel est le fleuve le plus long de l'Afrique de l'Ouest ?

    ☐ A. Le fleuve Niger.   ☐ B. Le fleuve Sénégal.   ☐ C. Le fleuve Gambie.

29. Lequel des pays suivants ne fait pas partie du Sahel ?

    ☐ A. Le Burkina Faso.   ☐ B. Le Niger.   ☐ C. La Côte d'Ivoire.

30. Quel est le sport national du Sénégal ?

    ☐ A. Le handball.   ☐ B. Le basketball.   ☐ C. La lutte traditionnelle.

Unité

5

L'Afrique centrale et l'Afrique de l'Est

Les dunes de sable au coucher du soleil
près des lacs Ounianga, site du patrimoine
mondial de l'UNESCO, Tchad

Leçon 13

Yaoundé, terre d'immigrés, ville hospitalière

    Le Cameroun, ce pays bilingue (français/anglais), héberge une importante diversité géographique, sociologique, culturelle, économique et linguistique. Pour avoir subi, après la défaite de l'Allemagne, la tutelle française et britannique[1], le pays de 475 650 km^2 s'étire sur 1 500 km de longueur. Logé au fond du Golfe de Guinée et assis sur le Gabon et la Guinée équatoriale, il confine au Tchad, encadré par le Nigeria et la République centrafricaine. Sa fulgurante évolution démographique croît de 9% en moyenne. La population est jeune, variée et constituée de sans-emplois, de travailleurs informels exerçant comme vigiles, tailleurs, mototaximen, sauveteurs, etc. En 2017, le pays compte 23 248 044 habitants répartis en deux cents ethnies locutrices de 300 langues locales.

    Découverte en janvier 1888 et officiellement fondée en février 1889, Yaoundé a rapidement évolué, devenant une métropole au plurilinguisme dynamique. À l'origine, ce village à la végétation luxuriante s'appelait èwòndò[2], l'ethnie, la tribu et le clan éponymes. Appellation phonétiquement déformée par les Allemands en Jaunde et francisée en Yaoundé. La ville couvrait alors 50 km^2 pour 2 700 habitants et comptait 5 865 habitants en 1926 dont 365 étrangers.

    Yaoundé, qui suit la courbe de croissance des villes moyennes, reçoit beaucoup d'étrangers. Tchadiens, Rwandais, Togolais, Centrafricains, Maliens, Sénégalais, Nigériens, Nigérians, Français,

tutelle *n.f.* 监护
s'étirer *v.pr.* 延伸
confiner *v.t.ind.* 毗邻
fulgurant, e *adj.* 闪电般的

informel, le *adj.* 非正式的
vigile *n.m.* 守夜人
tailleur *n.m.* 裁缝

luxuriant, e *n.f.* 繁茂的
éponyme *adj.* 命名的

1　19世纪末期，西方列强瓜分非洲，喀麦隆于1884年沦为德国的"保护国"。一战期间，法、英军队分别占领了喀麦隆东部和西部地区。1922年，国际联盟将东、西喀麦隆分交法、英"委任统治"。二战后，联合国将东、西喀麦隆分交法、英"托管"。1960年1月1日，法托管区根据联合国决议独立，成立喀麦隆共和国。1961年，经过公民投票，英托管区一部分并入尼日利亚，另一部分与喀麦隆共和国合并。

2　èwòndò：埃温多，雅温得就是由埃温多的读音演化而来的。埃温多语是喀麦隆的主要民族语言之一，属于尼日尔－刚果语系。

Américains, Chinois, Libanais, Italiens, Arabes, engagés dans la diplomatie, l'éducation, la santé, l'armée, les travaux routiers, le bâtiment, l'exploitation forestière et minière, le commerce et d'autres activités informelles.

  Capitale politique, ce site vallonné subit une forte immigration. Y siègent, outre les sept municipalités[3], les institutions administratives, régionales ou internationales, le chef-lieu de la Région du Centre et du Département du Mfoundi[4]. Index Mundi[5] lui attribue 3,6 millions d'habitants. La ville universitaire de 120 000 étudiants compte une dizaine d'universités privées, de nombreux lycées et des écoles. Les autochtones proviennent de la grande famille Mvog-Tsung-Mbala[6], géographiquement répartie dans la ville qu'ils quadrillent. Ils subsistent encore dans de rares poches et préservent difficilement leur langue.

vallonné, e *adj.* 岗峦起伏的

autochtone *n.&adj.* 本地人 & 本地的

quadriller *v.t.* 打格子

Au Royaume bamoun

---

3 雅温得下辖6个区，市政府加上这6个辖区的区政府，一共是7个市政机构。

4 喀麦隆全国划分为10个大区（région），58个省（département）。雅温得既是首都，又是大区首府和省首府。

5 **Index Mundi**：世界各国数据指标档案门户网站，统计各国综合数据，介绍各国的现状和发展趋势。

6 **Mvog-Tsung-Mbala**：姆沃日－滕－姆巴拉，雅温得当地姓氏，是最早生活在雅温得地区的部族的姓氏。

aléa *n.m.* 偶然	
caser *v.t.* 安顿，安置	

Hospitaliers mais respectueux des aléas de l'histoire, ils ont accueilli et casé les Éton, les Bassa, les Yambassa, les Bafia, les Bamoun, les Bamiléké, les Gbaya[7], etc. Même si les Éwòndò s'évaporent dans leur *Mater Tellus*[8], ils en constituent le fond autochtone et forment toujours l'ethnie principale de la ville, ils ne sont cependant pas répandus uniformément dans l'ensemble des quartiers, et parfois leur proportion y est insignifiante.

Ce cosmopolitisme rend la ville de Yaoundé plurilingue. En effet, sa croissance étant essentiellement due à une forte immigration, Yaoundé a installé ses allogènes sur des sites attribués ou achetés, favorisant des regroupements claniques, culturels, ethniques et familiaux et aussi en fonction des intérêts économiques et de la disponibilité des terres. Autant ou plus que Douala[9], cette cité, représente le Cameroun en miniature car elle rassemble les populations venant de toutes les villes du pays.

allogène *n.* 异族人
clanique *adj.* 图腾氏族的

hétérogène *adj.* 混杂的；异质的
éparpiller *v.t.* 分散

Ces immigrants linguistiquement hétérogènes sont éparpillés dans une ville en croissance permanente et régulière. La désignation des quartiers indique, quelquefois explicitement, l'origine des habitants. Il en est ainsi des quartiers bangoua, haoussa[10], bamiléké, yambassa, bamoun ou encore des sites comme Nkol-Éton, Etam-bafia, Nkol-meguissa, investis par les peuplades évoquées. Existent aussi des lieux qui ont conservé les noms locaux et où, néanmoins, vivent les immigrés.

peuplade *n.f.* 部落；移民

Les Bamiléké ont ainsi investi Elig Edzoa, Ekid Nlong, Nlongkak, Mbankolo, Messa, Nkomkana, Biyem-Assi, Ahala, Etoudi, Melen, etc. La Briqueterie, Ekoudou, Tsinga, Ntougou Nkolmbong abritent les « nordistes » locuteurs du fulfuldé[11]. Les quartiers Obili,

---

7 les Éton, les Bassa, les Yambassa, les Bafia, les Bamoun, les Bamiléké, les Gbaya：喀麦隆部族，分别是贝蒂族、巴萨族、杨巴萨族、巴菲亚族、巴穆恩族、巴米累克族、巴亚族。

8 Mater Tellus：或称 Tellus，罗马神话中的忒耳斯，对应希腊神话中的大地女神该亚，此处指土地。

9 Douala：杜阿拉，喀麦隆第一大城市、经济首都。

10 des quartiers bangoua, haoussa：指班古阿人和豪萨人的居住区。

11 fulfuldé：富拉语（peul）的别称。

Mendong et Etug Ebé logent, eux, les anglophones, et Azegue, Marigoh, Mokolo accueillaient préférentiellement les Yambassa, les Yebekolo[12] et les Éton. Cette répartition a cessé à cause de la vente des terrains, des expropriations et des recasements officiels. La présente réflexion montre que Yaoundé, en perte de sa propre langue, subit une lutte qui oppose toutes les langues en présence. Les causes examinées révèlent que ce conflit topo-linguistique, auteur de langues intermédiaires de grand usage, est désormais subsumé par les langues camerounaises moribondes et profite largement au français.

recasement *n.m.* 重新安置

topo-linguistique *adj.* 地理语言学的

subsumer *v.t.* 〔哲〕归入

moribond, e *adj.* 垂死的

Louis Martin Onguéné Essono

Extrait de l'article « La ville de Yaoundé : un volcan linguistique actif », publié dans *Sens-Dessous* 2018/1 (N° 21)

Le monument de la Réunification

12 les Yebekolo：耶贝科洛族，是班图族的一支。

Compréhension du texte

I. Compréhension générale :

1. D'après le texte, quelle est la plus grande caractéristique du Cameroun ?
2. Sous la protection de combien de pays européens le pays a-t-il été placé ? Pouvez-vous les désigner ?
3. Quelles sont les langues officielles du pays ? Combien y a-t-il d'ethnies et de langues locales au Cameroun ?
4. Sa population possède des traits assez particuliers, pourriez-vous donner quelques exemples ?
5. Quelle évolution est-ce que Yaoundé a connue depuis sa découverte ?
6. Savez-vous pourquoi Yaoundé est une ville d'immigration ? Les origines des immigrés sont-elles quelquefois faciles à distinguer ? Pourquoi ?
7. Que savez-vous sur les autochtones à Yaoundé ?
8. Yaoundé est une ville plurilingue, en connaissez-vous les raisons ?
9. Cette répartition des quartiers selon les origines des immigrés est officiellement stoppée aujourd'hui, savez-vous pourquoi ?
10. Quelle est la langue la plus utilisée dans la communication entre les différentes peuplades aujourd'hui à Yaoundé ?

II. Traduisez les passages suivants en chinois :

1. Logé au fond du Golfe de Guinée et assis sur le Gabon et la Guinée Équatoriale, il confine au Tchad, encadré par le Nigeria et la République centrafricaine.
2. Les autochtones proviennent de la grande famille Mvog-Tsung-Mbala, géographiquement répartie dans la ville qu'ils quadrillent. Ils subsistent encore dans de rares poches et préservent difficilement leur langue.
3. Même si les Éwòndò s'évaporent dans leur Mater Tellus, ils en constituent le fond autochtone et forment toujours l'ethnie principale de la ville, ils ne sont cependant pas répandus uniformément dans l'ensemble des quartiers, et parfois leur proportion y est insignifiante.

4. Les causes examinées révèlent que ce conflit topo-linguistique, auteur de langues intermédiaires de grand usage, est désormais subsumé par les langues camerounaises moribondes et profite largement au français.

Extension

Sujets d'exposé, d'activité ou de dissertation :
- Quelles sont les relations entre la Chine et le Cameroun ?
- Est-ce que les relations entre les différentes ethnies à l'intérieur du Cameroun sont bonnes ?
- Que pensez-vous de la diversité socioculturelle dans un pays tel que le Cameroun ?

Pour approfondir vos connaissances

- TCHAWA, Paul. « Le Cameroun : une « Afrique en miniature » ? », *Les Cahiers d'Outre-Mer*, 2012 (N° 259), p. 319-338.
- TCHALEU, Joseph Wouako. *L'évolution actuelle du Cameroun.* Paris : L'Harmattan, 2015.
- 塞勒斯汀·孟加. 非洲的生活哲学 [M]. 李安山，等译. 北京：北京大学出版社，2015.

Leçon 14

Inga, le plus grand barrage hydroélectrique du monde, encore à l'état de projet

Sur le fleuve Congo[1], le projet de Grand Inga, d'une puissance équivalente à vingt-quatre centrales nucléaires, pourrait satisfaire 40% des besoins énergétiques du continent. Sa conception reproduit le mythe des grands travaux. Sa réalisation, qui devra suivre plusieurs phases et s'étaler sur le long terme, se heurte à de nombreuses difficultés, financières mais aussi géopolitiques.

L'Afrique dispose d'un potentiel considérable de ressources hydroélectriques (évaluées par la Banque mondiale à environ quatre-vingts gigawatts), suffisant pour satisfaire tous ses besoins en énergie. Le continent compte certains des plus grands cours d'eau au monde – le Nil, le Congo, le Niger, la Volta et le Zambèze[2]. Le potentiel de production hydroélectrique le plus significatif se trouve à Madagascar, au Niger, en Zambie, au Mozambique, en Guinée, en Éthiopie, et surtout en République démocratique du Congo. Comment peut-il être exploité ?

En République démocratique du Congo, Grand Inga est le plus important projet hydroélectrique au monde. À une échéance encore imprécise, sa réalisation est prévue à 380 km de Kinshasa[3], sur le fleuve Congo, là où existent actuellement deux barrages, Inga I et Inga II, construits dans les décennies 1970 et 1980, et fonctionnant très en deçà de leurs capacités.

---

s'étaler *v.pr.* 展开，铺开

gigawatt *n.m.* 吉瓦，百万千瓦

échéance *n.f.* 期限

en deçà de *loc.prép.* 低于

---

1 le fleuve Congo：刚果河，亦称扎伊尔河（在当地语言中意为"大河"），全长约 4 700 千米，为非洲第二长河，仅次于尼罗河。
2 le Nil, le Congo, le Niger, la Volta et le Zambèze：分别为尼罗河、刚果河、尼日尔河、沃尔特河、赞比西河。
3 Kinshasa：金沙萨，刚果民主共和国的首都。刚果共和国（la République du Congo）的首都为布拉柴维尔（Brazzaville）。

L'exploitation hydroélectrique du fleuve Congo, une idée ancienne. En 1925, le colonel Pierre Van Deuren[4] publia un rapport sur « la mise en valeur intégrale du fleuve Congo dans la région des cataractes » par la construction de barrages de régulation. Il prévoyait, en plus de barrages, des centrales hydroélectriques, une industrie lourde centrée sur l'électrométallurgie et l'électrochimie. (…)

La production des deux barrages existants à l'embouchure du Congo, d'une capacité totale de 1 775 MW, stagne aujourd'hui à moins de 500 MW. Ils tournent au ralenti, obérés par la mauvaise gestion et le déficit de la maintenance. Un plan de réhabilitation entrepris en 2003 a absorbé deux cents millions de dollars d'aide de la Banque mondiale. Il en faudrait désormais neuf cents millions pour

cataracte *n.f.* 瀑布

obérer *v.t.* 使……负债累累

La vie du village

---

4 **Pierre Van Deuren**：比利时军官（1878—1956），曾在军校任教。

permettre à ces deux barrages l'exploit jamais atteint de fonctionner à plein régime.

Grand Inga est présenté par ses promoteurs comme le moyen pour « illuminer l'Afrique ». S'il venait à être réalisé dans son intégralité, à la condition de mobiliser un financement de cinquante à quatre-vingts milliards de dollars, ce gigantesque projet, composé de six barrages, installé sur le site exceptionnel des chutes d'Inga qui débitent selon les saisons entre 30 000 et 60 000 m³ d'eau par seconde, pourrait produire jusqu'à 40 GW d'électricité, soit deux fois plus d'énergie que le barrage des Trois Gorges en Chine. Ou l'équivalent de plus de vingt-quatre réacteurs nucléaires de troisième génération. De quoi bouleverser la donne énergétique régionale puisque l'énergie devrait être exportée jusqu'en Afrique du Sud, mais aussi vers le Nigeria, voire plus au nord, vers l'Égypte, pour, en théorie, satisfaire 40% des besoins du continent.

Grand Inga figure parmi les projets prioritaires de la Communauté de développement d'Afrique australe (SADC)[5], du New Partnership for Africa's Development (NEPAD)[6] et du Conseil mondial de l'énergie (CME).

Inscrite dans le très long terme, sa réalisation est prévue en plusieurs phases. Dans la première, 22 000 hectares de terres seront submergés par la rivière Bundi[7], un affluent du fleuve Congo, pour alimenter les onze turbines du premier futur mégabarrage, dit « Inga III », et produire 4 800 MW puis, dans un second temps, 7 800 MW. Des turbines pourront ensuite être ajoutées pour répondre à la demande, ce qui pourrait porter la puissance totale du barrage à 12,8

---

débiter *v.t.* 排出；输送

affluent *n.m.* 支流
turbine *n.f.* 涡轮机
méga- *préf.* 巨型；兆

5　**Communauté de développement d'Afrique australe (SADC)：** 南部非洲发展共同体，成员有16个，包括南非、安哥拉、博茨瓦纳、津巴布韦、莱索托、马拉维、莫桑比克、纳米比亚、斯威士兰、坦桑尼亚、赞比亚、毛里求斯、刚果（金）、塞舌尔、马达加斯加、科摩罗。

6　**New Partnership for Africa's Development (NEPAD)：** 非洲发展新伙伴计划。2001年7月，第37届非洲统一组织首脑会议通过该计划，这是非洲自主制定的第一个全面规划政治、经济和社会发展目标的蓝图，旨在解决非洲大陆面临的贫困加剧、经济落后等问题，以期提升非洲的国际地位。

7　**la rivière Bundi：** 崩迪河。此处指崩迪河上的水坝和水库，这是刚果河下游工程。

GW. Ce ne serait qu'un début. Les cinq autres barrages (d'Inga IV à Inga VIII) sont ensuite prévus pour achever Grand Inga, et ainsi produire les 40 000 MW escomptés.

(…)

escompter *v.t.* 期待，预期

Pierre Jacquemot
Extrait de l'article « Inga, le plus grand barrage hydroélectrique du monde, encore à l'état de projet », publié dans *Afrique contemporaine*, 2017/1-2 (N° 261-262), pages 252 à 253

Les barrages Inga I et Inga II

Compréhension du texte

I. Compréhension générale :

1. Quelle est la fonction des premières lignes en italique au début de l'article ?
2. Citez les cinq grands fleuves de l'Afrique.
3. Les ressources hydroélectriques africaines ont-elles été jusqu'à présent suffisamment exploitées ? Quels pays sont concernés par ce problème ?
4. Qu'est-ce que c'est que Grand Inga ? Où sera-t-il réalisé ? Quelle est la situation actuelle de l'exploitation hydroélectrique sur le fleuve Congo en République démocratique du Congo ?
5. Qui a étudié le premier la question de l'exploitation hydroélectrique du fleuve Congo ? Que proposait-il précisément ?
6. Que la Banque mondiale a-t-elle fait pour la réhabilitation des deux barrages existants ? Leur fonctionnement à plein régime serait facile à réaliser selon le texte ? Pourquoi ?
7. Selon ses promoteurs, le projet Grand Inga va « illuminer l'Afrique », comment comprenez-vous cette métaphore ?
8. Citez les trois organisations promotrices du projet Grand Inga.
9. Grand Inga est un projet à long terme, pourriez-vous présenter la première phase de sa réalisation ?

II. Traduisez les phrases suivantes en chinois :

1. À une échéance encore imprécise, sa réalisation est prévue à 380 km de Kinshasa, sur le fleuve Congo, là où existent actuellement deux barrages, Inga I et Inga II, construits dans les décennies 1970 et 1980, et fonctionnant très en deçà de leurs capacités.
2. De quoi bouleverser la donne énergétique régionale puisque l'énergie devrait être exportée jusqu'en Afrique du Sud, mais aussi vers le Nigeria, voire plus au nord, vers l'Égypte, pour, en théorie, satisfaire 40% des besoins du continent.
3. Dans la première, 22 000 hectares de terres seront submergés par la rivière Bundi, un affluent du fleuve Congo, pour alimenter les onze turbines du premier

futur mégabarrage, dit « Inga III », et produire 4 800 MW puis, dans un second temps, 7 800 MW.

Extension

Sujets d'exposé, d'activité ou de dissertation :
- Quelle est la situation de l'exploitation hydroélectrique en Afrique ?
- Présentez le projet Grand Inga et analysez ses conséquences sur l'économie et la géopolitique de l'Afrique.

Pour approfondir vos connaissances

- FLOURIOT, Jean. « Congo RDC : Population et aménagement d'un immense pays », *Population & Avenir*, 2008/2 (N° 687), p. 4-8.
- SAMBA, René. « L'impact des technologies de l'information et de la communication sur la production des petites et moyennes entreprises dans les villes de Brazzaville et Pointe-Noire : une analyse par les coûts de transactions », *Revue Congolaise de Gestion*, 2013/1 (N° 17), p. 57-85.
- 戴维·范·雷布劳克. 刚果：一个民族的史诗：上 [M]. 王兴栋，译. 武汉：华中科技大学出版社，2019.
- 戴维·范·雷布劳克. 刚果：一个民族的史诗：下 [M]. 王兴栋，译. 武汉：华中科技大学出版社，2019.

Leçon 15

L'histoire brève du Tchad

Comme partout, l'histoire tchadienne est marquée par des migrations de peuples entiers, des luttes pour la conquête de l'espace vital ou le pouvoir. (…)

Toumaï[1], aux origines de l'homme

Jusqu'à ce 19 juillet 2001, les scientifiques du monde entier étaient convaincus que les ancêtres de l'Homme, les préhominiens, venaient de la savane originelle est-africaine, à l'est de la Rift Valley[2]. Les grands singes étant, eux restés dans la forêt dense, à l'ouest de la même Rift Valley. N'est-ce pas en Afrique de l'Est, en Éthiopie, qu'on avait découvert Lucy[3] ? Le 19 juillet 2001, tout cela change. Dans l'erg du Djourab[4] (nord du Tchad), à 800 km de N'Djamena[5], une mission paléoanthropologique franco-tchadienne, après des jours de dur labeur dans cette fournaise qu'est le désert, découvre un crâne. Dans leur travail, c'est tout ce qu'il y a de routinier. C'est seulement après l'analyse de l'objet qu'ils se rendront compte de l'importance de leur trouvaille : le crâne est vieux de quelque 7 millions d'années. Un record. Il y avait déjà eu Abel[6] dans le même pays. Voici Toumaï, la preuve que le Tchad est l'un des plus anciens foyers de peuplement humain. (…)

préhominien *n.m.* 猿人

erg *n.m.* 沙丘地带
paléoanthropologique *adj.* 古人类学的
fournaise *n.f.* 火炉
crâne *n.m.* 颅骨

1　**Toumaï** : 中文译名"图迈"，在当地语言中意为"生命的希望"，是距今约 700 万年的古人类头盖骨化石。
2　**la Rift Valley** : 乍得地名，一条南北走向的平坦峡谷。
3　**Lucy** : 古人类化石"露西"，1974 年在埃塞俄比亚发现的女性骨架化石，距今约 320 万年。
4　**le Djourab** : 朱拉卜沙漠。
5　**N'Djamena** : 恩贾梅纳，乍得首都。
6　**Abel** : 1995 年在乍得发掘到的南方古猿化石"阿贝尔"，距今约 350 万年。这是首次在东非大裂谷西侧发现史前人类。

L'époque des royaumes et des sultanats[7]

Le royaume du Kanem, au centre-est du pays, dans la région du lac Tchad, fondé au IXe siècle par le peuple kanouri[8], fut sans doute la plus ancienne monarchie du pays. (…) Islamisé vers 1085, il atteint son apogée au XVe siècle. Ses dirigeants commencent alors une politique d'expansion. Mais leurs voisins boulalas ne se laissent pas faire. Battus, les dirigeants du Kanem se réfugient au Bornou. Pendant cet exil, ils décident de se réorganiser et de regagner leur partie perdue. (…) En 1564, quand Idriss Alaoma[9] accède au trône du Bornou, il entreprend de longues campagnes qui aboutissent, en 1576, par la reconquête du Kanem, patrie de ses aïeux. Un nouvel empire se forme : le Kanem-Bornou. La fondation du royaume de Baguirmi, situé au sud du Kanem, date de la même période. D'origine

sultanat n.m. 苏丹国家（即以苏丹为元首的国家。苏丹译自阿拉伯语，作为统治者的称号，始于公元 10 世纪，11 世纪起为伊斯兰教国家统治者广泛使用。）

aïeux n.m.pl. 祖先

La danse traditionnelle du Tchad

7　古代乍得地区是多个文明活动的中心，这些文明中最早期的是萨奥文明。公元 800 年左右，萨奥人建立乍得湖地区第一个、也是历史最长的王国——加涅姆王国（le royaume du Kanem）。随后，瓦达伊王国（le royaume du Ouaddaï）和巴吉尔米王国（le royaume de Baguirmi）出现并与之抗衡。加涅姆王国在战争中落败后，其首领逃亡到博尔努地区，后建立了博尔努王国（le royaume de Bornou）。

8　le peuple kanouri：卡努里族。本段落中出现的乍得民族还有布拉拉族（Boulalas）、颇尔族（Peuls，又称富拉族）、萨拉族（Saras）、马巴族（Mabas）、冬儒尔族（Toundjours）。

9　Idriss Alaoma：伊德里斯·阿劳马，加涅姆–博尔努帝国国王。阿劳马时期是加涅姆–博尔努帝国的全盛时期。

kinga[10], c'est sous le règne de Malo[11] que les Baguirmiens montent en puissance en réussissant un brassage de différents peuples : Arabes, Peuls, Kanouris, Saras... Malo tire l'essentiel de ses revenus du commerce des esclaves. Cependant, dès le début du XIXe siècle, le sultanat tombe en déclin. Disputé par ses deux puissants voisins le Bornou et le Ouaddaï, il sollicite la protection des Français. De son côté, le Ouaddaï, fief des agriculteurs mabas, est envahi par la dynastie des Toundjours, marchands d'esclaves, au milieu du XIVe siècle. Deux siècles plus tard, ils sont supplantés par l'Arabe <u>nubien</u> Abd al-Karim[12], qui fonde, en 1615, le sultanat du Ouaddaï. Sa famille règnera jusqu'à la fin du XIXe siècle. D'autres sultanats de moindre importance ont également joué un rôle, si modeste soit-il, dans l'histoire du pays.

L'un des événements marquants de cette époque reste l'arrivée sur la scène d'un nouveau personnage : le Soudanais Rabih Fadl Allah-Rabah[13]. <u>Mercenaire</u>, marchand d'esclaves et d'ivoire, Rabah <u>sillonne</u> les régions comprises entre les fleuves Oubangui et Chari[14]. En 1893, il s'empare du Baguirmi, puis du Bornou. Grâce à ces faits d'armes, il place sous son contrôle un grand territoire qui englobe le nord de l'actuelle République centrafricaine et le sud du Tchad, c'est-à-dire le Baguirmi et le Kanem-Bornou. Ses intérêts ne vont pas tarder à entrer en collusion avec ceux de la France, qui s'intéresse elle aussi à ce qui va devenir le Tchad.

De l'exploration à la colonisation

Au moment où Rabah impose sa loi sur les sultanats locaux, des

---

nubien, ne *adj.* 努比亚的（努比亚位于非洲东北部苏丹一带）

mercenaire *n.m.* 雇佣军
sillonner *v.t.* 耕作

10　d'origine kinga：指乍得巴塔区某地。

11　**Malo**：巴吉尔米王国的国王。

12　**Abd al-Karim**：阿布德·凯里姆，瓦达伊王国的苏丹，使原本信奉其他宗教的部族改信伊斯兰教。

13　**Rabih Fadl Allah-Rabah**：拉巴赫王国的创建者，又称 Rabih az-Zubayr，奴隶出身。拉巴赫英勇善战，具有卓越的军事才能。1879 年至 1896 年，他先后征服了瓦达伊、巴吉尔米、博尔努等王国，之后成为反抗法国殖民侵略的民族英雄。

14　**les fleuves Oubangui et Chari**：乌班吉河和沙里河。

explorateurs français lorgnent les mêmes terres. (…) Dans un premier temps, en 1897, l'explorateur Émile Gentil[15] place le Baguirmi et le Dar el-Kouti[16] sous la protection de la France. Mais dès qu'il tourne le dos, Rabah saccage le Baguirmi. L'affrontement avec les Français devient inévitable. En 1898, la France et la Grande-Bretagne signe un accord portant sur le partage du Soudan. Les Français comprennent que c'est le moment de réaliser une jonction au Tchad avec leurs trois colonnes venant du nord, du centre et de l'ouest du continent. C'est mission accomplie lorsqu'elles se rejoignent le 21 avril 1900 à Kousséri[17], dans l'actuel Cameroun. C'est là que s'affrontent, dans un choc décisif, les forces françaises et celles de Rabah. Le 22 mai, le chef soudanais est tué. Les Français, qui ont désormais les coudées franches, peuvent savourer leur victoire, même si elle est amère : le commandant Lamy[18] est mortellement blessé. Ce sont les premiers pas vers l'occupation du Tchad. La colonisation est en marche. (…) Sous la colonisation, la France s'appuie surtout sur le sud, où la culture du coton est imposée et le christianisme introduit.

colonne *n.f.* 纵队；特遣队

Extrait du *Tchad*, Les Éditions du Jaguar, 2010

---

15 **Émile Gentil**：埃米尔·让蒂（1866—1914），法国海军军官，1896 年春天率探险队从加蓬的利伯维尔出发，1897 年 1 月抵达乍得沙里地区，同年 10 月抵达乍得湖。

16 **le Dar el-Kouti**：达尔库蒂王国，位于今中非中北部地区。

17 **Kousséri**：库塞里，喀麦隆城镇名，与邻国乍得的首都恩贾梅纳隔河相望。

18 **le commandant Lamy**：法国军官拉米（François Joseph Amédée Lamy, 1858—1900），曾率兵从阿尔及利亚出发，穿越撒哈拉沙漠，参加征服乍得的行动。

Compréhension du texte

I. Compréhension générale :

1. Savez-vous pourquoi le 19 juillet 2001 est une date importante dans l'histoire de la paléoanthropologie ?
2. Avant cette découverte, quel endroit était considéré comme le foyer du peuplement humain ?
3. Quel est le premier royaume dans l'histoire du Tchad ? Connaissez-vous son destin ?
4. À la suite de ce royaume, on voit apparaître presque en même temps trois autres royaumes, savez-vous lesquels ? Présentez leur histoire respective.
5. Qui est Rabah ? En quoi consistent ses grands exploits militaires ?
6. La France est-elle contente de ce que Rabah a fait ? Pourquoi ?
7. À quelles stratégies la France a-t-elle recouru pour vaincre Rabah ?
8. Quel est le résultat de l'affrontement entre les forces françaises et les forces de Rabah ?

II. Traduisez les phrases suivantes en chinois :

1. Comme partout, l'histoire tchadienne est marquée par des migrations de peuples entiers, des luttes pour la conquête de l'espace vital ou le pouvoir.
2. Dans l'erg du Djourab (nord du Tchad), à 800 km de N'Djamena, une mission paléoanthropologique franco-tchadienne, après des jours de dur labeur dans cette fournaise qu'est le désert, découvre un crâne.
3. Ses intérêts ne vont pas tarder à entrer en collusion avec ceux de la France, qui s'intéresse elle aussi à ce qui va devenir le Tchad.
4. Sous la colonisation, la France s'appuie surtout sur le Sud, où la culture du coton est imposée et le christianisme introduit.

Extension

Sujets d'exposé, d'activité ou de dissertation :

- Quelles sont les autres découvertes archéologiques qui prouvent que l'Afrique est le berceau de l'humanité ?
- Faites une recherche approfondie sur l'un des royaumes mentionnés dans le texte.

Pour approfondir vos connaissances

- TRIQUET, Éric, et Grégoire Molinatti. « La controverse à propos du fossile de Toumaï : médiatisations et réputations », *Communication & langages*, 2018/4 (N° 198), p. 3-25.
- *Le Tchad*, Paris : les Éditions du Jaguar, 2010.
- *L'histoire du Tchad racontée à nos enfants*, Paris : les Éditions du Jaguar, 2012.

Leçon 16

Le mariage traditionnel : le folklore se perpétue encore

Malgache *n.* 马达加斯加人
us et coutumes 风俗习惯

bénédiction *n.f.* 祝福

Malgré l'influence envahissante des cultures occidentales, certains Malgaches optent encore actuellement pour un mariage traditionnel. À Madagascar, chaque région a ses propres us et coutumes mais l'objectif reste le même : s'unir aux yeux des habitants du village en demandant la bénédiction des sages. Sylla et Sylvie, habitant dans la zone rurale de Mahitsy[1], ont décidé d'honorer leurs familles en se mariant dans leur village natal.

Le banquet se tient dans la cour du village

festin *n.m.* 盛宴
clôturer *v.t.* 围起来

Comme pour tous les mariages, les préparatifs exigent beaucoup de travail. Si dans les grandes villes, le couple cherche en premier la salle idéale pour le festin, à la campagne, le banquet se déroule dans la cour de la maison du marié, laquelle sera clôturée et décorée pour la circonstance. Dans cet endroit, le marié doit ainsi fournir tables et chaises pour les centaines d'invités. La mise en place se fait donc une journée avant le mariage. Et pour que les organisateurs puissent

1　Mahitsy：马达加斯加一座小镇。

Chez un artisan

veiller en continuant à exercer ces multiples tâches, le marié doit animer et assurer durant toute la nuit.

Tous les villageois sont invités

Dans un mariage moderne, le couple convie les familles et quelques amis proches. Généralement, quelque 200 personnes y sont au moins invitées. Par contre, dans un mariage à la campagne, le couple doit inviter tous les villageois. Pour le cas de Sylla et Sylvie, les convives étaient plus de 500. Le menu restait donc simple, du « vary be menaka[2] » ou « le riz arrosé d'huile ». Durant les deux jours de festivités – le premier pour la préparation et l'autre pour la cérémonie – le marié doit ainsi assurer la nourriture. « Pour ces deux jours, j'ai dû abattre deux gros cochons, un bœuf, et plus de 250 kg de riz rouge[3] typiquement malgache. La cuisson de ces aliments ne doit pas prendre trop de temps pour qu'ils restent fermes et durs. L'objectif est que l'appétit perdure des heures », a fait savoir le marié.

festivité *n.f.* 庆典

Une dot venant de la famille de la jeune femme

Le grand jour débute tôt le matin. Les villageois arrivent petit à petit pour être servis au mariage. En parallèle, la famille de Sylvie, la jeune mariée, sort aussi sa dot dans la cour. Elle doit être visible par tous les invités. Les cadeaux sont composés d'un grand lit, d'une armoire, de divers ustensiles de cuisine, d'un salon complet… C'est en quelque sorte le « prix de la fiancée ». « Sylvie n'est peut-être pas une belle fille, elle ne fait peut-être pas partie des meilleures. Mais à nos yeux, elle a beaucoup de valeur », a lancé un membre de sa famille dans son kabary[4] avant l'offrande de la dot.

dot *n.f.* 嫁妆

offrande *n.f.* 奉献仪式

2　**vary be menaka**：马达加斯加语，意为"油饭"（le riz arrosé d'huile），这是马达加斯加庆典上的常见菜肴，饭中可加入牛肉、鸡肉、猪肉等。

3　**riz rouge**：马达加斯加特产红米，在马达加斯加语中叫做 vary mena。

4　**kabary**：马达加斯加语，意为"演讲"。

Une journée inoubliable pour la jeune mariée

Comme dans tous les mariages, cette journée devrait être idéale pour la jeune mariée. « Normalement, je n'aime pas me maquiller, mais pour ce grand jour, je le ferai et je mettrai des chaussures à talons. Une grande première pour moi », a affirmé Sylvie. Ainsi, un groupe de femmes venant de la famille du jeune homme se déplace pour assurer la mise en beauté et toutes les petites préparations qui en découlent. Elles apportent la robe de la mariée et tous les accessoires.

Une joute oratoire pour récupérer la jeune mariée

En parallèle, d'autres membres de la famille de Sylla attendent dans la cour. Accompagnés d'un orateur ou mpikabary[5], ils doivent

joute *n.f.* 舌战
oratoire *adj.* 演说的

Une rue bordée de Jacaranda

5　**mpikabary**：马达加斯加语，指在重大仪式上代表家庭发言的讲话人。

Une vue d'Antananarivo

affronter l'autre mpikabary. Ainsi, le duel est lancé. Durant cette étape, l'orateur du jeune homme doit être armé des meilleurs arguments et faire preuve de créativité verbale pour éluder tous les pièges et répondre intelligemment à toutes les propositions de l'autre mpikabary. « Il arrive parfois qu'un mariage est annulé parce que l'orateur du marié a perdu, ne trouvant plus les mots pour récupérer la jeune femme. C'est comme au marché », a annoncé un villageois.

éluder *v.t.* 规避

La cérémonie se tient jusqu'à l'aube

Les villageois commencent à venir à l'église avec le jeune homme. Après la cérémonie religieuse, tout le monde assiste de nouveau au banquet de « vary be menaka ». Les invités d'honneur prennent place en premier. La fête durera jusqu'à l'aube, souvent, elle est animée par un groupe de fanfare, parfois un DJ assure l'animation. Si les invités sont recouverts de poussière, à force de danser dans la cour, et si l'alcool tient jusqu'à l'aube, les villageois annonceront la réussite du mariage.

fanfare *n.m.* 铜管乐队

Holy Danielle
Extrait de l'article « Le mariage traditionnel : le folklore se perpétue encore », document publié sur *News Mada* [en ligne]

Compréhension du texte

I. Compréhension générale :

1. Tous les Malgaches célèbrent-ils le mariage de la même manière ? Que veut la tradition malgache pour les nouveaux mariés ?
2. En ce qui concerne le lieu de mariage, quelle est la différence entre un mariage en grande ville et un mariage à la campagne ?
3. Pourriez-vous préciser les préparatifs à faire pour un mariage à la campagne ?
4. Les convives présents à un mariage à la campagne sont généralement plus nombreux que ceux présents à un mariage moderne, en connaissez-vous la raison ?
5. Qu'est-ce qu'on mange traditionnellement à un mariage malgache ? Qui prend en charge la nourriture pendant les deux jours de festivités ?
6. Comment est-ce qu'une dot est préparée ? Que fait-on le jour du mariage ?
7. Pendant qu'un groupe de femmes de la famille du marié met en beauté la nouvelle mariée, que font d'autres membres de la famille ? Et dans quel but ?
8. Comment peut-on récupérer la jeune femme pour le marié ? Est-ce toujours le cas ?
9. Comment la fête se déroule-t-elle généralement ?

II. Traduisez les phrases suivantes en chinois :

1. Et pour que les organisateurs puissent veiller en continuant à exercer ces multiples tâches, le marié doit animer et assurer durant toute la nuit.
2. « Pour ces deux jours, j'ai dû abattre deux gros cochons, un bœuf, et plus de 250 kg de riz rouge typiquement malgache. La cuisson de ces aliments ne doit pas prendre trop de temps pour qu'ils restent fermes et durs. L'objectif est que l'appétit perdure des heures », a fait savoir le marié.
3. Durant cette étape, l'orateur du jeune homme doit être armé des meilleurs arguments et faire preuve de créativité verbale pour éluder tous les pièges et répondre intelligemment à toutes les propositions de l'autre mpikabary.
4. Si les invités sont recouverts de poussière, à force de danser dans la cour, et si l'alcool tient jusqu'à l'aube, les villageois annonceront la réussite du mariage.

Extension

Sujets d'exposé, d'activité ou de dissertation :

- Présentez avec vos propres mots un mariage traditionnel malgache.
- Imaginez et jouez une scène de joute oratoire d'un mariage malgache.
- Si vous étiez Malgache, choisiriez-vous le mariage moderne ou le mariage traditionnel ? Pourquoi ?

Pour approfondir vos connaissances

- RAZAFINDRAKOTO, Mireille, et François Roubaud, Jean-Michel Wachsberger. « L'économie malgache dans l'impasse ? », *Afrique contemporaine*, 2014/3 (N° 251), p. 146-148.
- VERDIER, Maud. « Identités et communautés de pratiques des chatteurs malgachophones dans les cybercafés de Tananarive (Madagascar) », *Cahiers d'études africaines*, 2014/3 (N° 215), p. 685-713.
- 王建. 马达加斯加 [M]. 北京：社会科学文献出版社，2011.

Quiz

1. Lequel des noms suivants désigne la République du Congo ?
   - ☐ A. Le Congo Kinshasa.
   - ☐ B. Le Congo Brazzaville.
   - ☐ C. Le Zaïre.

2. De quel pays Yaoundé est-elle la capitale ?
   - ☐ A. Du Rwanda.
   - ☐ B. Du Ghana.
   - ☐ C. Du Cameroun.

3. Qu'est-ce qui caractérise Yaoundé ?
   - ☐ A. Le monolinguisme.
   - ☐ B. Le bilinguisme.
   - ☐ C. Le plurilinguisme.

4. Quels sont les pays constitutifs de la Corne de l'Afrique ?
   - ☐ A. La Somalie, Djibouti, l'Éthiopie et l'Érythrée.
   - ☐ B. La Somalie, Djibouti, l'Éthiopie et le Soudan.
   - ☐ C. La Somalie, Djibouti, l'Égypte et l'Érythrée.

5. Qu'est que c'est que le « Grand Inga » ?
   - ☐ A. Un grand projet hydroélectrique.
   - ☐ B. Un grand fleuve.
   - ☐ C. Un monument ancien.

6. De quelle organisation sous régionale africaine le Tchad fait-il partie ?
   - ☐ A. De la Communauté de développement de l'Afrique australe.
   - ☐ B. De la Communauté économique de l'Afrique de l'Ouest.
   - ☐ C. De la Communauté économique des États d'Afrique centrale.

7. Que signifie « Toumaï », le nom du crâne vieux de quelque 7 millions d'années ?
   - ☐ A. Espoir de vie.
   - ☐ B. Désert lointain.
   - ☐ C. Berceau de l'humanité.

8. Quel peuple est à l'origine du royaume du Kanem ?
   - ☐ A. Le peuple boulala.
   - ☐ B. Le peuple kanouri.
   - ☐ C. Le peuple sara.

9. Que signifie « vary be menaka », plat traditionnel malgache ?
   - ☐ A. La viande rouge.
   - ☐ B. Le poulet rôti.
   - ☐ C. Le riz arrosé d'huile.

10. Quelles sont les langues officielles de la République centrafricaine ?

    ☐ A. Le français et le sango.   ☐ B. Le français.   ☐ C. Le français et l'anglais.

11. Quel est le plus petit pays d'Afrique francophone ?

    ☐ A. Le Togo.   ☐ B. Les Seychelles.   ☐ C. Les Comores.

12. De quel pays Pierre Savorgnan de Brazza est-il originaire ?

    ☐ A. De l'Italie.   ☐ B. De la France.   ☐ C. De la Belgique.

13. À quelle famille de langues le malgache appartient-il ?

    ☐ A. À la famille afro-asiatique.

    ☐ B. À la famille indo-européenne.

    ☐ C. À la famille austronésienne.

14. Quelle monnaie les Djiboutiens utilisent-ils ?

    ☐ A. Le franc djiboutien.   ☐ B. Le franc CFA.   ☐ C. L'ariary.

15. Dans quel pays africain, la proportion des femmes à l'Assemblée nationale dépasse-t-elle les 50% ?

    ☐ A. Au Cameroun.   ☐ B. Au Rwanda.   ☐ C. En Guinée.

16. Quel pays africain abrite les bases militaires de plusieurs pays étrangers ?

    ☐ A. Djibouti.   ☐ B. La Somalie.   ☐ C. Madagascar.

17. Lequel des pays suivants ne fait pas partie de l'Afrique des Grands Lacs ?

    ☐ A. Le Burundi.   ☐ B. Le Rwanda.   ☐ C. Le Gabon.

18. Quel est le plus grand pays d'Afrique francophone ?

    ☐ A. Le Tchad.

    ☐ B. La République démocratique du Congo.

    ☐ C. L'Algérie.

19. Quelle est la religion la plus répandue au Cameroun ?

    ☐ A. L'islam.   ☐ B. Le christianisme.   ☐ C. Le bouddhisme.

20. Combien de mandats présidentiels Omar Bongo a-t-il exercés ?

    ☐ A. 5.   ☐ B. 6.   ☐ C. 7.

21. À Madagascar, lequel des primates suivants est endémique ?

    ☐ A. Le gorille.   ☐ B. L'éléphant.   ☐ C. Le Maki catta.

22. Quelle île de l'océan Indien est la plus grande du continent africain ?

    ☐ A. La Réunion. ☐ B. Madagascar. ☐ C. Socotra.

23. Quel est le pays où vivait le dodo (oiseau) ?

    ☐ A. L'île Maurice. ☐ B. Le Cap-Vert. ☐ C. Les Seychelles.

24. Quelle est la capitale du Tchad ?

    ☐ A. N'Djamena. ☐ B. Yamoussoukro. ☐ C. Conakry.

25. Aux confins de combien de pays le lac Tchad s'étend-il ?

    ☐ A. 3. ☐ B. 4. ☐ C. 5.

26. Parmi ces 3 langues, laquelle n'est pas une langue officielle du Burundi ?

    ☐ A. Le kirundi. ☐ B. Le français. ☐ C. Le swahili.

27. Dans quelle région de Madagascar l'allée des baobabs se trouve-t-elle ?

    ☐ A. Dans la région de Menabe.

    ☐ B. Dans la région de Diana.

    ☐ C. Dans la région d'Analamanga.

28. Quelle est la longueur du fleuve Congo, cinquième fleuve du monde et deuxième fleuve du continent africain ?

    ☐ A. Environ 4 000 km. ☐ B. Environ 4 700 km. ☐ C. Environ 5 000 km.

29. Lequel de ces trois pays n'a aucun direct accès à la mer ?

    ☐ A. Le Tchad.

    ☐ B. La République démocratique du Congo.

    ☐ C. Le Gabon.

30. En quelle année Djibouti a-t-il accédé à l'indépendance ?

    ☐ A. En 1960. ☐ B. En 1965. ☐ C. En 1977.

Unité 6

L'Amérique

Une vue sur le fleuve Saint-Laurent, Québec

Leçon 17

Un territoire, une langue officielle, un fleuve majestueux[1]

Le Québec[2] compte aujourd'hui plus de 8 millions d'habitants et la langue officielle est le français. Il s'agit de la deuxième province la plus peuplée du Canada après l'Ontario. État fédéré du Canada, le Québec partage ses responsabilités avec le pouvoir fédéral central. Ainsi, sont de compétences québécoises : le développement économique, la culture, la santé, l'éducation, l'agriculture, l'environnement, les ressources naturelles et l'immigration. Autant de domaines dans lesquels le Québec assume et présente directement au monde ses choix de société.

On pourrait dire du Québec qu'il repose sur trois piliers, trois points d'ancrage géographique et historique sur lesquels il s'est bâti et qui continuent aujourd'hui de façonner son visage, sa marche et sa destinée : son territoire, la langue française et le fleuve Saint-Laurent.

Un territoire nordique immense

Le Québec est un territoire nordique immense — d'une superficie de 1,67 million de kilomètres carrés — où se succèdent quatre saisons très distinctes et des températures variant de –30°C en janvier à 30°C en juillet. Ce territoire a forgé l'identité québécoise.

Avec ses 4 500 rivières et son demi-million de lacs, le Québec possède 3% des réserves d'eau douce renouvelable de la planète. Il s'agit de la troisième réserve d'eau douce du monde.

Les forêts du Québec couvrent près de la moitié de son terri-

---

l'Ontario 安大略省

ancrage *n.m.* 扎根（思想、观点、情感）

façonner *v.t.* 使成形

forger *v.t.* 打造，创造

---

1 Cet article est généreusement offert par le Ministère des Relations internationales et de la Francophonie de la province du Québec. Un grand merci s'adresse ici au Bureau du Québec à Beijing.

2 Québec 一词指"河流变窄处"（là où le fleuve se rétrécit），源自加拿大土著民族米克马克人（Micmacs）的语言。

toire (761 000 km²) et représentent 20% des forêts canadiennes, soit 2% de la forêt mondiale. Grâce à ses nombreuses érablières, le Québec est le premier producteur de sirop d'érable et il fournit 70% de la récolte mondiale.

érablière *n.f.* 枫树林

sirop d'érable 枫糖浆

Francophone et de plus en plus interculturel

Une bonne partie de la nation québécoise³ est de descendance française et constitue l'une des deux nations fondatrices du Canada (l'autre étant d'origine britannique). Il faut aussi rappeler que plusieurs peuples autochtones occupaient déjà le territoire depuis des milliers d'années avant l'arrivée des Français et des Anglais.

descendance *n.f.* 血统

Le Château Frontenac

3　la nation québécoise：此处指"魁北克民族"。自 1867 年加拿大联邦成立以来，魁北克省作为法语大省，一直在寻求更多的自主管辖权。在 1960 年至 1970 年的平静革命（Révolution tranquille）时期，魁北克法语人口的民族主义上升，并有主权主义和分离主义的诉求。1980 年和 1995 年，魁北克举行了两次关于独立问题的全民公投，均未获通过。2006 年 11 月 27 日，加拿大国会以 266 票赞成、16 票反对的结果通过了时任总理哈珀的"魁北克人是统一的加拿大中的一个民族（les Québécois forment une nation au sein d'un Canada uni）"动议。

Le français est d'ailleurs la langue maternelle de 78% des Québécoises et des Québécois. Aujourd'hui, près de 47% des Québécois maîtrisent au moins deux langues, 43% maîtrisent les deux langues officielles du Canada (français et anglais) et plus de 10% en parlent au moins trois.

En plus du français, environ 80 langues y sont couramment parlées. Cette diversité culturelle est considérée comme un atout unique. Montréal, par exemple, est la ville cosmopolite par excellence, et elle est devenue une plaque tournante culturelle. On y retrouve plus de 120 communautés ethnoculturelles, 70 organisations internationales et plus de 33 000 étudiants étrangers (2017).

À cette diversité culturelle s'ajoute celle des 11 nations autochtones[4] qui vivent dans différentes régions du Québec. En 2016, on dénombrait plus de 182 000 autochtones au Québec.

Les Amérindiens, les Métis et les Inuits représentent ainsi un peu plus de 2% de la population. Certaines nations ont conservé leur langue ancestrale comme les Innus, les Cris et les Inuits du Nunavik[5].

Le fleuve Saint-Laurent

Le Québec s'est bâti sur les berges du fleuve Saint-Laurent, long de 1 200 km. Aujourd'hui encore, environ 80% de sa population habite dans la vallée du Saint-Laurent, principalement entre Sept-Îles[6] et l'ouest de Montréal.

C'est le fleuve Saint-Laurent qui a ouvert la voie de l'Amérique du Nord aux premiers Européens[7]. Avec le fleuve comme point de

---

cosmopolite adj. 国际性的

ethnoculturel, le adj. 民族文化的

berge n.f. 河岸

---

4 **les 11 nations autochtones**：（魁北克省政府于20世纪80年代承认的）魁北克的11个土著民族，分别为阿贝纳基人（Abénaquis）、阿尔冈昆人（Algonquins）、阿蒂卡麦克人（Attikameks）、克里人（Cris）、休伦旺达人（Hurons-Wendats）、因纽特人（Inuits）、因努人（Innus）、马莱西特人（Malécites）、米克马克人（Micmacs）、莫霍克人（Mohawks）和纳斯卡皮人（Naskapis）。

5 **Nunavik**：努那维克，魁北克省北部地名。

6 **Sept-Îles**：七岛市，魁北克省东部城市。

7 最早来该地的欧洲探险家是法国人雅克·卡蒂埃（Jacques Cartier, 1491—1557），他于1535年乘船进入圣劳伦斯河。

départ, et avec le concours des Premières Nations[8], les ancêtres du Québec ont exploré tout le continent. Des appellations d'origine française témoignent d'ailleurs toujours du passage des explorateurs français en Amérique du Nord et ce, jusque dans le Midwest[9], en Nouvelle-Angleterre[10] ou le long du Mississippi. C'est aussi aux abords du Saint-Laurent et de ses affluents que se sont enracinés les premiers colons, ceux qui ont fondé ce qui deviendra plus tard le Canada.

Aujourd'hui, le fleuve Saint-Laurent est une voie commerciale majeure en Amérique du Nord.

abords *n.m.pl.* 周围
colon *n.m.* 殖民地移民

8　les Premières Nations：当时魁北克的土著民族。

9　le Midwest：美国中西部。

10　Nouvelle-Angleterre：新英格兰，美国东北部地区。

Compréhension du texte

I. Compréhension générale :

1. Quel est le statut du Québec au Canada ?
2. Selon l'auteur, quels sont les trois piliers du développement du Québec ?
3. Présentez le climat sur le territoire québécois.
4. Ce territoire est riche en ressources naturelles, pourriez-vous donner des exemples concrets ?
5. Dans les forêts québécoises, quel arbre peut-on trouver facilement ?
6. Quel lien entretiennent le Québec et la France selon le texte ?
7. Avez-vous un mot pour qualifier la culture québécoise ? Pourquoi ?
8. Que savez-vous des autochtones au Québec ?
9. Pouvez-vous résumer le rôle historique joué par le fleuve Saint-Laurent ?

II. Traduisez les phrases suivantes en chinois :

1. On pourrait dire du Québec qu'il repose sur trois piliers, trois points d'ancrage géographique et historique sur lesquels il s'est bâti et qui continuent aujourd'hui de façonner son visage, sa marche et sa destinée : son territoire, la langue française et le fleuve Saint-Laurent.
2. Une bonne partie de la nation québécoise est de descendance française et constitue l'une des deux nations fondatrices du Canada (l'autre étant d'origine britannique).
3. En plus du français, environ 80 langues y sont couramment parlées. Cette diversité culturelle est considérée comme un atout unique. Montréal, par exemple, est la ville cosmopolite par excellence, et elle est devenue une plaque tournante culturelle.
4. Des appellations d'origine française témoignent d'ailleurs toujours du passage des explorateurs français en Amérique du Nord et ce, jusque dans le Midwest, en Nouvelle-Angleterre ou le long du Mississippi.

Extension

Sujets d'exposé, d'activité ou de dissertation :

- Présentez le voyage de Jacques Cartier au Québec.
- Que savez-vous sur la colonisation française en Amérique du Nord ?
- Qu'est-ce qui vous fascine le plus au Québec ? Pourquoi ?

Pour approfondir vos connaissances

- ANCTIL, Pierre. « Défi et gestion de l'immigration internationale au Québec », *Cités*, 2005/3 (N° 23), p. 43-55.
- DELEUZE, Magali. « De Gaulle, le Québec et le Canada, 50 ans plus tard », *Histoire, économie & société*, 2017/4 (36e année), p. 130-141.
- MENEY, Lionel. *Le français québécois entre réalité et idéologie : un autre regard sur la langue : étude sociolinguistique*. Québec : Les Presses de l'Université Laval, 2017.

Leçon 18

Le créole haïtien

La population d'Haïti était estimée à environ 11,4 millions d'habitants en 2018. La quasi-totalité des Haïtiens, soit 95%, descendent des esclaves noirs[1], le reste de la population étant constitué de Mulâtres (issus d'un métissage entre Africains et Français). Le français est la langue officielle du pays, mais pratiquement toute la population d'Haïti parle créole comme langue maternelle.

Le créole haïtien fait partie des créoles français parce que sa base lexicale provient en grande partie du vocabulaire français, bien que sa grammaire soit restée globalement d'origine africaine. Aujourd'hui, on distingue le créole martiniquais, le créole guadeloupéen, le créole haïtien, le créole dominicain, le créole saint-lucien, le créole réunionnais, le créole guyanais, le créole seychellois, le créole mauricien, etc.[2] (...)

Lorsque deux créolophones unilingues, d'origine géographique proche (par exemple, Haïti et la Martinique ou la Guadeloupe), communiquent entre eux, il arrive que l'accent, l'intonation, un nombre plus ou moins important de termes inconnus, de même que certains éléments grammaticaux et des tournures syntaxiques, peuvent entraver la compréhension, surtout lorsque ces créolophones sont peu instruits. Néanmoins, même si l'intercompréhension entre les créoles

---

Mulâtre *n.* 黑白混血儿

provenir (de) *v.i.* 起源于

créolophone *n.* 讲克里奥尔语的人

tournure *n.f.* 表达方式；短语
instruit, e *adj.* 受过教育的

---

1 海地人的祖先多来自西部非洲和中部非洲地区，包括现贝宁、几内亚、塞拉利昂、塞内加尔、安哥拉、尼日利亚和喀麦隆等国。海地岛（又名伊斯帕尼奥拉岛）于1492年被哥伦布发现，随后被西班牙据为殖民地。1697年，该岛西部被割让给法国。1791年，军事才能突出的黑人领袖图桑·卢维杜尔（Toussaint Louverture，1743—1803）领导发动独立战争。1804年，海地宣布独立并成立共和国，成为世界上第一个独立的黑人国家。

2 本句中形容词 martiniquais, guadeloupéen, dominicain, saint-lucien, réunionnais, guyanais, seychellois, mauricien 分别对应以下地区名或国家名：la Martinique（马提尼克）, la Guadeloupe（瓜德罗普）, la République dominicaine（多米尼加共和国）, Sainte-Lucie（圣卢西亚）, la Réunion（留尼汪）, la Guyane française（法属圭亚那）, les Seychelles（塞舌尔）, la Maurice（毛里求斯）。

des Antilles[3] (par exemple, la Martinique) et les créoles de l'océan Indien (par exemple, la Réunion) est très limitée, pour ne pas dire nulle, ces langues présentent des traits communs si originaux et si spécifiques qu'on ne peut douter d'une origine commune : la langue coloniale des XVIIe et XVIIIe siècles. Évidemment, un créolophone à base de français voit sa marge de compréhension rétrécir considérablement s'il parle à un créolophone à base d'anglais ; la compréhension risque de se limiter à des messages extrêmement simples.

marge *n.f.* 余地

En Haïti, 80% des habitants ne parlent que le créole. Environ 18% des Haïtiens parlent le créole et le français (à divers degrés). Certains habitants viennent de la République dominicaine et parlent l'espagnol ou l'anglais. Il y a un tout petit nombre de travailleurs immigrants d'origine arabe et chinoise. Cela étant dit, le créole demeure la langue qui permet à tous les Haïtiens de se comprendre entre eux. C'est ce constat qui permettait au linguiste et grammairien haïtien Pradel Pompilus (1914-2000) d'affirmer en 1973, dans

constat *n.m.* （形势的）评定

Un marché de peinture au bord de la rue

---

3   les Antilles：安的列斯群岛。

Contribution à l'étude comparée du créole et du français à partir du créole haïtien : « Le français n'est pas notre langue maternelle ; la langue de notre vie affective, la langue de notre vie profonde, la langue de notre vie pratique, pour la plupart d'entre nous, c'est le créole, idiome à la fois très proche et très éloigné du français. » De fait, le créole haïtien est une langue très vivante, qui possède une orthographe fixée depuis la fin des années soixante-dix. De plus en plus d'écrivains en font un usage courant. Dans les écoles, il existe des manuels en créole et les élèves subissent des examens en créole.

Le créole parlé à Haïti n'est cependant pas uniforme. On peut distinguer trois variantes dialectales : le créole du Nord (incluant Cap-Haïtien), le créole du Centre, dont la capitale Port-au-Prince, et le créole du Sud. La variante la mieux considérée est celle de la capitale. Beaucoup d'Haïtiens parlent non seulement leur propre variété de créole, mais aussi celle de Port-au-Prince pour des raisons pratiques. Néanmoins, l'intercompréhension entre les trois grandes variétés de créole haïtien demeure relativement aisée, malgré les différences phonétiques ou lexicales.

variante *n.f.* 变体；变种
dialectal, e *adj.* 方言的
inclure *v.t.* 包括

Une vue de la ville

Le créole haïtien est parlé aussi en dehors d'Haïti par les membres de la diaspora, notamment à la Martinique, à la Guadeloupe, à la Guyane française, en Floride (Miami), à New York, au Québec (Montréal), en France, etc.

Sur le plan social, le créole haïtien n'est pas très valorisé, car il est associé à une classe « inférieure ». C'est le français, l'anglais ou l'espagnol qui peuvent servir de langues de prestige. (...)

Durant plusieurs décennies, la direction scolaire pouvait instaurer un « système de jetons » en guise de renforcement. Au cours de la récréation, un enseignant donnait un jeton aux élèves qui « s'oubliaient » en parlant créole et, après la récréation, ceux-ci étaient punis. De même, au cours du XIXe siècle et durant une partie du XXe, les petits élèves bretons de France, qui étaient surpris à « parler breton », devaient porter un bonnet d'âne en guise de punition.[4] (...)

Jacques Leclerc
Extrait de l'article « Haïti »,
document publié sur le site de l'Université Laval

diaspora *n.f.* 散居世界各地的某国人或某族人

jeton *n.m.* 筹码；硬币
en guise de *loc.prép.* 作为

[4] 法兰西第三共和国时期法语作为教学语言的地位得到加强，在学校使用方言的学生会受到严厉的批评和惩罚。

Compréhension du texte

I. Compréhension générale :

1. Quelle est l'origine principale des Haïtiens ? Quelle est leur langue maternelle ?
2. En quoi consiste la particularité du créole ? Pouvez-vous citer quelques pays où on parle créole ?
3. Est-ce que la compréhension entre deux créolophones d'origine géographique proche est facile ? Pourquoi ?
4. Les créoles des différentes régions possèdent malgré tout des traits communs, savez-vous pourquoi ?
5. Pourriez-vous expliquer avec vos propres mots l'usage qu'on fait du créole en Haïti ?
6. Le créole haïtien est-il parlé uniquement en Haïti ?
7. Le créole haïtien a-t-il un statut social élevé ? Pourquoi ?
8. Qu'est-ce qu'on fait à l'école pour s'assurer que les élèves ne parlent pas créole pendant la récréation ? Où pourrait-on se trouver l'origine de ce « système de jetons » ?

II. Traduisez les phrases suivantes en chinois :

1. La population d'Haïti était estimée à environ 11,4 millions d'habitants en 2018. La quasi-totalité des Haïtiens, soit 95%, descendent des esclaves noirs, le reste de la population étant constitué de Mulâtres (issus d'un métissage entre Africains et Français).
2. Néanmoins, même si l'intercompréhension entre les créoles des Antilles (par exemple, la Martinique) et les créoles de l'océan Indien (par exemple, la Réunion) est très limitée, pour ne pas dire nulle, ces langues présentent des traits communs si originaux et si spécifiques qu'on ne peut douter d'une origine commune : la langue coloniale des XVIIe et XVIIIe siècles.
3. C'est ce constat qui permettait au linguiste et grammairien haïtien Pradel Pompilus (1914-2000) d'affirmer en 1973, dans *Contribution à l'étude comparée du créole et du français à partir du créole haïtien* : « Le français n'est pas

notre langue maternelle ; la langue de notre vie affective, la langue de notre vie profonde, la langue de notre vie pratique, pour la plupart d'entre nous, c'est le créole, idiome à la fois très proche et très éloigné du français. »

Extension

Sujets d'exposé, d'activité ou de dissertation :
- Connaissez-vous quelques célébrités haïtiennes ou d'origine haïtienne ?
- Que reste-t-il aujourd'hui des influences de la culture française en Haïti ? Et quel pourrait être l'avenir du créole en Haïti ?

Pour approfondir vos connaissances

- MFABOUM, Mbiafu Edmond. « Haïti et l'Afrique : douleurs des destinées, spécularité des douleurs », *Africultures*, 2004/1 (N° 58), p. 150-160.
- PODUR, Justin Joseph. *La nouvelle dictature d'Haïti : coup d'État, séisme et occupation onusienne*. Montréal : Écosociété, 2016
- 赵重阳，范蕾.海地 多米尼加 [M].北京：社会科学文献出版社 , 2009.

Quiz

1. En quelle année la ville de Québec a-t-elle été fondée ?
   - ☐ A. En 1543.
   - ☐ B. En 1608.
   - ☐ C. En 1763.

2. Quelle est la province la plus peuplée du Canada ?
   - ☐ A. L'Ontario.
   - ☐ B. Le Québec.
   - ☐ C. La Nouvelle-Écosse.

3. Combien de rivières courent sur le territoire du Québec ?
   - ☐ A. 4 500.
   - ☐ B. 5 000.
   - ☐ C. 5 500.

4. Quel est le pourcentage du territoire québécois qui est couvert de forêts ?
   - ☐ A. Environ 50%.
   - ☐ B. Environ 80%.
   - ☐ C. Environ 20%.

5. De quel produit le Québec est-il un grand producteur ?
   - ☐ A. D'huile d'olive.
   - ☐ B. De sirop d'érable.
   - ☐ C. De miel.

6. De quel peuple une grande partie des Québécois sont-ils descendus ?
   - ☐ A. Des Français.
   - ☐ B. Des Anglais.
   - ☐ C. Des Amérindiens.

7. Quel est le nombre de nations autochtones qui vivent au Québec ?
   - ☐ A. 10.
   - ☐ B. 11.
   - ☐ C. 12.

8. Quelle est la longueur du fleuve Saint-Laurent ?
   - ☐ A. Environ 1 000 km.
   - ☐ B. Environ 1 200 km.
   - ☐ C. Environ 1 400 km.

9. De quel pays Port-au-Prince est-elle la capitale ?
   - ☐ A. D'Haïti.
   - ☐ B. De Cuba.
   - ☐ C. De la République dominicaine.

10. Quel est le pourcentage de la population noire à Haïti ?
    - ☐ A. 85%.
    - ☐ B. 90%.
    - ☐ C. 95%.

11. Quelle est la langue maternelle des Haïtiens ?
    - ☐ A. Le français.
    - ☐ B. L'anglais.
    - ☐ C. Le créole.

12. Au niveau lexical, le créole haïtien est proche de quelle langue ?

    ☐ A. Du français.   ☐ B. De l'anglais.   ☐ C. Du portugais.

13. Quelle est l'origine grammaticale du créole haïtien ?

    ☐ A. Les langues indo-européennes.

    ☐ B. Les langues africaines.

    ☐ C. Les langues asiatiques.

14. En quelle année Haïti a-t-il accédé à l'indépendance ?

    ☐ A. En 1804.   ☐ B. En 1915.   ☐ C. En 1971.

15. Combien de variantes dialectales du créole parlé distingue-t-on à Haïti ?

    ☐ A. 2.   ☐ B. 3.   ☐ C. 4.

16. Où se trouve la Louisiane ?

    ☐ A. Dans le sud des États-Unis.

    ☐ B. Dans l'est des États-Unis.

    ☐ C. Dans l'ouest des États-Unis.

17. Quelle est la plus grande ville de la Louisiane ?

    ☐ A. Baton-Rouge.

    ☐ B. La Nouvelle-France.

    ☐ C. La Nouvelle-Orléans.

18. Avec quel pays Haïti partage-t-il l'île d'Hispaniola ?

    ☐ A. Avec la République dominicaine.

    ☐ B. Avec Cuba.

    ☐ C. Avec les États-Unis.

19. Que signifie le mot « Québec » ?

    ☐ A. Là où il fait extrêmement froid.

    ☐ B. Là où le fleuve se rétrécit.

    ☐ C. Là où le territoire est vaste.

20. Quel est le monument emblème de la ville de Québec ?

    ☐ A. Le statut du général de Gaulle.

    ☐ B. Le monument de l'UNESCO.

    ☐ C. Le Château Frontenac.

21. Quelles sont les quatre provinces fondatrices du Canada ?

    ☐ A. La Colombie-Britannique, la Nouvelle-Écosse, l'Ontario et le Québec.

    ☐ B. Le Nouveau-Brunswick, la Nouvelle-Écosse, l'Ontario et l'Alberta.

    ☐ C. Le Nouveau-Brunswick, la Nouvelle-Écosse, l'Ontario et le Québec.

22. En quelle année André Malraux s'est-il rendu au Québec en tant que ministre ?

    ☐ A. En 1950.   ☐ B. En 1963.   ☐ C. En 1968.

23. De quelle ville Céline Dion est-elle originaire ?

    ☐ A. De Charlemagne.   ☐ B. De Montréal.   ☐ C. De Trois-Rivières.

24. Qu'est-ce que le « Cirque du Soleil » ?

    ☐ A. Une entreprise québécoise de divertissement artistique spécialisée en cirque contemporain.

    ☐ B. Un groupe de musiciens spécialisés en hiphop.

    ☐ C. Un groupe de cirque traditionnel.

25. Lequel des plats suivants est une spécialité québécoise ?

    ☐ A. Le couscous.   ☐ B. Les frites.   ☐ C. La poutine.

26. Qui est le premier explorateur qui soit arrivé au Québec ?

    ☐ A. Jacques Cartier.

    ☐ B. Samuel de Champlain.

    ☐ C. François de Montmorency-Laval.

27. De quel pays est originaire Dany Laferrière, deuxième académicien noir à être élu à l'Académie française après Léopold Sédar Senghor ?

    ☐ A. De la Belgique.   ☐ B. Du Canada.   ☐ C. D'Haïti.

28. À qui est dû le nom de la Louisiane ?

    ☐ A. À Louis XIV.   ☐ B. À Louis VIII.   ☐ C. À Saint-Louis.

29. Quelle est la première université francophone en Amérique du Nord ?

    ☐ A. L'Université Laval.

    ☐ B. L'Université de Montréal.

    ☐ C. L'Université du Québec à Montréal.

30. En quelle année Haïti a-t-il été touché par un grand séisme ?

    ☐ A. En 2001.   ☐ B. En 2010.   ☐ C. En 2015.

Annexes

Fiches pays[1]

Algérie

Nom complet : République algérienne démocratique et populaire
Gentilé : Algérien, ne
Géographie : Afrique du Nord, au bord de la Méditerranée
Climat : méditerranéen et saharien
Langues : arabe et amazighe (officielles), français
Fête nationale : le 1er novembre
Religion : islam
Population : 43 583 000 habitants (2019)
Superficie : 2 381 741 km^2
Capitale : Alger
Grandes villes : Oran, Constantine, Annaba
Pays voisins : le Maroc, la Tunisie, la Libye, le Niger, le Mali, la Mauritanie

Vie politique
Système politique : présidentiel
Président : Abdelmadjid Tebboune
Pouvoir législatif : Conseil de la Nation, Assemblée populaire nationale
Premier ministre : Abdelaziz Djerad

Économie
Monnaie : dinar algérien
Industrie : industrie pétrolière
Ressources minières : pétrole et gaz naturel
Production agricole : culture des oliviers, élevage ovin, céréales, arboriculture, fourrages
Exportations : pétrole brut, produits pétroliers, gaz naturel
Importations : matériel de transport, produits alimentaires, produits chimiques, biens d'équipement, huiles de pétrole
PIB : 173 757,95 millions USD (2018)

Relations avec la Chine
L'établissement des relations diplomatiques entre l'Algérie et la Chine date du 20 décembre 1958. Depuis, les deux pays maintiennent toujours un lien étroit. Les échanges économiques bilatéraux restent également importants.

Grandes dates de son histoire

IIe siècle av. J.-C.	berceau d'une civilisation berbère puis arrivée des Phéniciens
VIIe siècle	conquête arabe et ralliement massif à l'islam
XVIe siècle	province de l'Empire ottoman
1830	début de la conquête par les Français
1847	occupation de tout le pays par l'armée française
1870	début de la colonisation française
1881	intégration administrative et politique de l'Algérie à la France
1954	éclatement de la guerre franco-algérienne
1962	accords d'Évian et indépendance de l'Algérie
1979	arrivée au pouvoir du colonel Chadli Bendjedid et mise en place d'une politique de libéralisation économique et sociale
1999	élection du président Abdelaziz Bouteflika
2005	*Charte pour la paix et la réconciliation nationale* approuvée par référendum à plus de 97% des voix
2011	levée officielle de l'état d'urgence instauré dans le pays en 1992 pour lutter contre la guérilla islamiste
2019	manifestations contre la candidature du président Bouteflika à un cinquième mandat et démission de ce dernier

[1] Fiches pays 中各国人口、面积和国内生产总值的数据分别来源于大英百科全书、中华人民共和国外交部和世界银行的官方网站。La Fédération Wallonie-Bruxelles, la Louisiane, la Vallée d'Aoste, le Québec, le Nouveau-Brunswick 的相关数据分别来自其官方网站。（所有数据为成书前在以上网站采集到的最新数据）

Andorre

Nom complet : Principauté d'Andorre
Gentilé : Andorran, e
Géographie : Europe du Sud-Ouest
Climat : méditerranéen de montagne
Population : 76 900 habitants (2019)
Superficie : 468 km^2
Langues : catalan (officielle), français, espagnol, portugais
Fête nationale : le 8 septembre
Religion : catholicisme
Capitale : Andorre-la-Vieille
Grandes villes : les Escaldes
Pays voisins : la France, l'Espagne

Vie politique

Système politique : co-principauté parlementaire
Pouvoir législatif : Conseil général
Les 2 coprinces : Joan Enric Vives i Sicília et Emmanuel Macron
Premier ministre : Xavier Espot Zamora

Économie

Monnaie : euro
Industries : tourisme, immobilier, finance
Ressources minières : fer, plomb, alun
Production agricole : pommes de terre, tabac
Exportations : laine, bétail, cuir, tabac, bois, beurre, fromage
Importations : matériaux de construction, appareils électriques, cosmétiques, carburants, vêtements, produits optiques, produits alimentaires transformés
PIB : 3 236,54 millions USD (2018)

Relations avec la Chine

La Principauté d'Andorre a noué des relations diplomatiques avec la Chine le 29 juin 1994, l'ambassadeur de Chine en Espagne étant aussi l'ambassadeur en Andorre.

Grandes dates de son histoire

1278	instauration de la souveraineté partagée (Paréages) de l'Andorre entre l'évêque d'Urgel et le comte de Foix
1607	établissement du roi de France et de l'évêque d'Urgel comme coprinces de l'Andorre
1793	abandon temporaire du pouvoir de France sur l'Andorre sous la Révolution française
1806	reprise du pouvoir de France sur l'Andorre sous le règne de Napoléon Ier
1973	première rencontre entre les deux coprinces (le président Pompidou et l'évêque d'Urgel)
1978	célébration du septième centenaire des Paréages de l'Andorre avec le président Giscard d'Estaing et l'évêque d'Urgel
1993	adhésion de l'Andorre à l'ONU
1994	adhésion de l'Andorre au Conseil de l'Europe
2004	adhésion de l'Andorre à la Francophonie

Belgique

Nom complet : Royaume de Belgique
Gentilé : Belge
Géographie : Europe du Nord-Ouest
Climat : tempéré et océanique
Population : 11 457 000 habitants (2019)
Superficie : 30 528 km²
Langues officielles : néerlandais, français, allemand
Fête nationale : le 21 juillet
Religion : catholicisme
Capitale : Bruxelles
Grandes villes : Anvers, Liège, Gand
Pays voisins : les Pays-Bas, l'Allemagne, le Grand-duché de Luxembourg, la France

Vie politique

Système politique : monarchie constitutionnelle parlementaire fédérale
Roi : Philippe (depuis 2013)
Pouvoir législatif : Roi et le Parlement (Chambre des représentants et Sénat)
Premier ministre : Alexander De Croo

Économie

Monnaie : euro
Industrie : métallurgie
Ressource minière : zinc
Exportations : produits chimiques, matériel de transport, machines et équipements
Importations : produits chimiques, matériel de transport, machines et appareils, pierres et métaux précieux
PIB : 542 761,09 millions USD (2018)

Relations avec la Chine

La Belgique a établi des relations diplomatiques avec la Chine le 25 octobre 1971.

Grandes dates de son histoire

57-51 av. J.-C.	conquête et organisation en province du pays par César
843	pays divisé entre la France et la Lotharingie
1477	domination des Habsbourg
1790	proclamation d'indépendance
1795-1815	domination française
1815-1831	Les provinces belges deviennent hollandaises.
1830	insurrection bruxelloise et indépendance de la Belgique
1831	couronnement de Léopold Ier de Saxe-Cobourg
1865-1909	règne de Léopold II
1934-1951	règne de Léopold III
1947	convention douanière néerlando-belgo-luxembourgeoise – Protocole
1951	abdication de Léopold III et avènement de son fils, Baudouin Ier
1958	traité instituant l'Union économique Benelux
1977	*Pacte d'Egmont*, qui découpe la Belgique en trois régions, Flandre, Wallonie, Bruxelles-Capitale
1988	un processus de décentralisation donnant des pouvoirs accrus aux régions et aux communautés
1992	ratification du traité de Maastricht
1993	modification de la Constitution et la Belgique devient fédérale
2010-2011	crise politique après les élections législatives

Bénin

Nom complet : République du Bénin
Gentilé : Béninois, e
Géographie : Afrique occidentale, situé sur le golfe de Guinée
Climat : tropical
Population : 11 847 000 habitants (2019)
Superficie : 112 622 km^2
Langues : français (officielle), fon, yoruba, bariba
Fête nationale : le 1er août
Religions : christianisme, islam, vaudou
Capitale : Porto-Novo
Grandes villes : Cotonou, Abomey, Parakou
Pays voisins : le Togo, le Nigeria, le Niger, le Burkina Faso

Vie politique
Système politique : présidentiel
Président : Patrice Talon
Pouvoir législatif : Assemblée nationale

Économie
Monnaie : franc CFA
Industries : industrie extractive, industrie alimentaire, industrie textile, industrie chimique, industrie de l'énergie
Ressources minières : pétrole, gaz naturel, or, phosphate, étain, fer, uranium
Production agricole : maïs, manioc, sorgho, coton
Exportations : pétrole brut, coton, huile de palme, cacao
Importations : céréales, équipements, produits pétroliers
PIB : 10 354,27 millions USD (2018)

Relations avec la Chine
Le Bénin et la Chine ont établi des relations diplomatiques le 12 novembre 1964. Elles ont été rompues en janvier 1966, pour être renouées le 29 décembre 1972.

Grandes dates de son histoire

Avant la colonisation française	règne des royaumes sur les différentes régions du territoire (royaume Bariba, royaume Yoruba, royaume du Dahomey)
1883	signature d'un traité de protectorat par le roi de Porto-Novo avec la France
1960	indépendance du pays
1972	coup d'État tenté par Mathieu Kérékou
1975	Le Dahomey devient la République populaire du Bénin.
1990	adoption du nom de la République du Bénin
1996	retour au pouvoir de Mathieu Kérékou
2001	Kérékou réélu dans une élection contestée
2002	adoption de mesures de décentralisation
2006-2016	présidence de Boni Yayi
2016	Patrice Talon élu président

Burkina Faso

Nom complet : Burkina Faso
Gentilé : Burkinabè
Géographie : Afrique de l'Ouest
Climat : tropical
Population : 20 875 000 habitants (2019)
Superficie : 274 122 km^2
Langues : français (officielle), plus de 60 langues nationales dont moré, dioula, san et peul
Fête nationale : le 11 décembre
Religions : islam, christianisme, animisme
Capitale : Ouagadougou
Grandes villes : Bobo-Dioulasso, Koudougou
Pays voisins : le Niger, le Bénin, la Côte d'Ivoire, le Ghana, le Togo, le Mali

Vie politique
Système politique : semi-présidentiel
Président : Roch Marc Christian Kaboré
Pouvoir législatif : Assemblée nationale
Premier ministre : Christophe Dabiré

Économie
Monnaie : franc CFA
Industries : industrie de la manufacture, industrie de la production minière
Ressources minières : or, zinc, fer, nickel, bauxite, plomb
Production agricole : sorgho, arachides, coton
Exportations : or, coton, noix de karité, amandes
Importations : produits alimentaires, machinerie, produits chimiques
PIB : 14 124,78 millions USD (2018)

Relations avec la Chine
La Haute-Volta a établi des relations diplomatiques avec la Chine le 15 septembre 1973 et elles ont été rompues en 1994. Les deux pays ont rétabli les relations diplomatiques le 26 mai 2018.

Grandes dates de son histoire

Avant la colonisation	territoire partagé par différents royaumes ou chefferies dont le Gurma, le Mossi, le Gwiriko et le Liptako
1896	Le royaume mossi de Ouagadougou devient un protectorat français.
1919	colonie française avec Ouagadougou comme chef-lieu
1960	indépendance du pays sous le nom de la Haute-Volta, Maurice Yaméogo élu président de la République
Après 1980	série de coups d'État
1983	arrivée au pouvoir de Thomas Sankara
1984	adoption du nom du Burkina Faso
1987	arrivée au pouvoir de Blaise Compaoré
1991	nouvelle Constitution reconnaissant le multipartisme
2014	manifestations contre Compaoré
2015	Roch Marc Christian Kaboré élu président

Burundi

Nom complet : République du Burundi
Gentilé : Burundais, e
Géographie : Afrique de l'Est
Climat : tropical
Population : 12 722 000 habitants (2019)
Superficie : 27 834 km^2
Langues : kirundi et français (officielles), swahili
Fête nationale : le 1er juillet
Religions : christianisme, islam, animisme
Capitale : Bujumbura (économique), Gitega (politique) (depuis décembre 2018)
Grandes villes : Ngozi, Rumonge, Muyinga
Pays voisins : la République démocratique du Congo, le Rwanda, la Tanzanie

Vie politique
Système politique : présidentiel
Président : Evariste Ndayishimiye
Pouvoir législatif : Assemblée nationale

Économie
Monnaie : franc burundais
Industries : industrie minière, industrie manufacturière
Ressources minières : nickel, cérium, étain, or, vanadium, phosphate, calcaire
Production agricole : thé, café, coton, cannes à sucre
Exportations : thé, café, produits manufacturés
Importations : carburants, médicaments emballés, riz, sucre brut, voitures
PIB : 3 036,93 millions USD (2018)

Relations avec la Chine
Le Burundi a établi des relations diplomatiques avec la Chine le 21 décembre 1963. Elles ont été rompues en 1965. Les deux pays ont rétabli les relations diplomatiques le 13 octobre 1971.

Grandes dates de son histoire

XVIe ou XVIIe siècle	fondation du royaume de Burundi
1856	arrivée des premiers Européens
1887	accords de Berlin qui attribuent le royaume du Burundi à l'Empire allemand
Après la Première Guerre mondiale	une partie de l'Empire colonial belge
1962	indépendance du Burundi
1965-1996	période d'instabilité politique
2000	Accords de paix d'Arusha
2005	adoption par référendum de la nouvelle Constitution et élection de Pierre Nkurunziza à la présidence
2010, 2015	réélections de Pierre Nkurunziza

Cambodge

Nom complet : Royaume du Cambodge
Gentilé : Cambodgien, ne
Géographie : Asie du Sud-Est
Climat : tropical
Population : 16 303 000 habitants (2019)
Superficie : 180 000 km^2
Langue officielle : khmer
Fête nationale : le 9 novembre
Religion : bouddhisme
Capitale : Phnom Penh
Grandes villes : Sihanoukville, Battambang, Siem Reap
Pays voisins : la Thaïlande, le Laos, le Vietnam

Vie politique
Système politique : monarchie constitutionnelle
Roi : Norodom Sihamoni
Pouvoir législatif : Assemblée nationale, Sénat
Premier ministre : Hun Sen

Économie
Monnaie : riel
Industries : industrie manufacturière, construction
Ressources minières : calcaire, phosphate, pierres précieuses, fer, charbon, pétrole, gaz naturel
Production agricole : riz, manioc, maïs, cannes à sucre, soja, noix de coco
Exportations : vêtements, bois scié, bûches, caoutchouc
Importations : produits pétroliers, articles de consommation durable
PIB : 24 542,47 millions USD (2018)

Relations avec la Chine
Le Cambodge a établi avec la Chine des relations diplomatiques le 19 juillet 1958.

Grandes dates de son histoire

IXe siècle	fondation de l'Empire khmer, début de l'âge d'or de la civilisation khmère
Fin du XVIe siècle	déclin de l'Empire au profit du Siam à l'ouest puis à l'Annam à l'est
1863	signature du traité de protectorat du Cambodge avec la France
1941-1945	occupation japonaise
1953	accès à l'indépendance à la suite des négociations menées par Norodom Sihanouk avec les Français ; début de la période du Royaume du Cambodge sous le règne de Sihanouk
1967	éclatement de la guerre civile cambodgienne
1970	abolition de la monarchie, création de la République khmère
1975	entrée au pouvoir des khmers rouges communistes
1978	éclatement de la guerre Cambodge-Vietnam
1979	conquête par l'armée vietnamienne d'une grande partie du pays, proclamation de la République populaire du Kampuchéa
1989	évacuation des forces vietnamiennes
1993	reprise du nom de Royaume du Cambodge, retour du roi Sihanouk
1998	entrée au pouvoir de Hun Sen en tant que Premier ministre
2003, 2008, 2013, 2018	renouvellement du mandat de Hun Sen qui reste Premier ministre du pays

Cameroun

Nom complet : République du Cameroun
Gentilé : Camerounais, e
Géographie : Afrique centrale
Climat : équatorial et forestier
Population : 24 348 000 habitants (2019)
Superficie : 475 442 km^2
Langues : français et anglais (officielles), 242 langues nationales dont ngoumba, gbaya, bassa, bulu, douala, èwòndò et peul
Fête nationale : le 20 mai
Religions : christianisme, islam, animisme
Capitale : Yaoundé
Grandes villes : Douala, Garoua, Bamenda, Maroua
Pays voisins : le Nigeria, le Tchad, la Centrafrique, la République du Congo, le Gabon, la Guinée équatoriale

Vie politique
Système politique : présidentiel
Président : Paul Biya
Pouvoir législatif : Assemblée nationale, Sénat
Premier ministre : Joseph Dion Ngute

Économie
Monnaie : franc CFA
Industries : industrie agroalimentaire, industrie d'hydrocarbures, industrie de première transformation du bois
Ressources minières : fer, rutile, calcaire, or, uranium, diamant, bauxite
Production agricole : cacao, café, coton, huile de palme, hévéa
Exportations : pétrole brut, café, coton
Importations : machinerie, céréales, médicaments, voitures
PIB : 38 675,21 millions USD (2018)

Relations avec la Chine
Le Cameroun a établi des relations diplomatiques avec la Chine le 26 mars 1971.

Grandes dates de son histoire

XVIe siècle	fondation du royaume Bamoun
1884-1916	protectorat allemand
1919	traité de Versailles, qui entérine le partage franco-britannique du Cameroun
1922	Le Cameroun français devient un territoire sous mandat de la Société des Nations, confié à la France ; le Cameroun britannique est intégré au Nigeria en tant que colonie anglaise.
1958	Le Cameroun français obtient son autonomie interne dans le cadre de l'Union française.
1961	indépendance du pays ; la partie britannique divisée en deux éléments : le nord s'unit au Nigeria, et le sud à l'ex-Cameroun français pour former la République fédérale du Cameroun
1961-1982	présidence d'Ahmadou Ahidjo
1982	premier mandat présidentiel de Paul Biya
1997, 2004, 2011, 2018	réélections de Paul Biya

Canada

Nom complet : Canada
Gentilé : Canadien, ne
Géographie : Amérique du Nord
Climat : continental humide
Population : 37 512 000 habitants (2019)
Superficie : 9 984 670 km^2
Langues officielles : anglais, français
Fête nationale : le 1er juillet
Religions : christianisme, islam
Capitale : Ottawa
Grandes villes : Toronto, Montréal, Vancouver
Pays voisin : Les États-Unis

Vie politique
Système politique : monarchie constitutionnelle
Gouverneur général : Richard Wagner
Pouvoir législatif : reine Élisabeth II (en son absence le gouverneur général du Canada), Chambre des communes, Sénat
Premier ministre : Justin Trudeau

Économie
Monnaie : dollar canadien
Industries : industrie d'extraction, industrie manufacturière
Ressources minières : or, cuivre, molybdène, argent, zinc, plomb, nickel
Production agricole : céréales, canola, maïs, soja, betterave à sucre
Exportations : produits manufacturés, pétrole, produits miniers, produits agricoles
Importations : véhicules, produits pharmaceutiques et médicinaux
PIB : 1 713 341,70 millions USD (2018)

Relations avec la Chine
Le Canada a établi des relations diplomatiques avec la Chine le 13 octobre 1970.

Grandes dates de son histoire

Avant l'arrivée des Européens	Les Premières Nations habitent sur le territoire actuel du Canada.
1497	exploration de l'Italien Jean Cabot
1534	exploration du Français Jacques Cartier
1608	fondation de la ville de Québec
1701-1763	guerres entre la Nouvelle-France et la Nouvelle-Angleterre
1763	Nouvelle-France cédée par la France à l'Angleterre
1840	formation d'un Canada-Uni
1867	acte de l'Amérique du Nord britannique donnant naissance au Canada
1931	Statut de Westminster (indépendance officielle du Canada)
1936-1939	premier mandat de Duplessis
1940	droit de vote aux femmes au niveau provincial
1965	création du drapeau canadien
1982	rapatriement de la Constitution canadienne par Pierre Trudeau
1990	échec de l'accord du lac Meech
1992	référendum canadien sur l'accord de Charlottetown (54,3% – NON, 45,7% – OUI)
1995	2e référendum sur la souveraineté du Québec (50,6% – NON, 49,4% – OUI)
2015	Justin Trudeau élu Premier ministre

Centrafrique

Nom complet : République centrafricaine
Gentilé : Centrafricain, e
Géographie : Afrique centrale
Climat : savane au nord, tropical et forestier au sud
Population : 4 826 000 habitants (2019)
Superficie : 622 984 km²
Langues officielles : français, sango
Fête nationale : le 1ᵉʳ décembre
Religions : christianisme, islam, animisme
Capitale : Bangui
Grandes villes : Berbérati, Carnot
Pays voisins : le Soudan, le Tchad, la République démocratique du Congo, la République du Congo, le Cameroun

Vie politique
Système politique : présidentiel
Président : Faustin-Archange Touadéra
Pouvoir législatif : Assemblée nationale, Sénat
Premier ministre : Firmin Ngrebada

Économie
Monnaie : franc CFA
Industries : industrie textile, industrie agroalimentaire, industrie extractive
Ressources minières : diamant, or, uranium
Production agricole : manioc, riz, café, coton
Exportations : diamant, bois, coton, café
Importations : produits manufacturés, équipements de transport, médicaments, produits pétroliers
PIB : 2 219,89 millions USD (2018)

Relations avec la Chine
La Centrafrique a établi des relations diplomatiques avec la Chine le 29 septembre 1964. Les relations ont été interrompues plus d'une fois pour être rétablies le 29 janvier 1998.

Grandes dates de son histoire

Avant la colonisation	pays peuplé par les Pygmées, les Bantous et d'autres populations
1885	conquête de la Centrafrique des Français et des Belges
1891	colonie française
1960	indépendance du pays et David Dacko devient président
1965	coup d'État du général Jean-Bedel Bokassa, qui se fait président à vie (1972) et puis empereur (1976)
1979	rétablissement de la République par David Dacko avec l'aide de la France
1981	David Dacko renversé par André Kolingba
1993	Ange-Félix Patassé élu président
1999	Ange-Félix Patassé réélu président
2003	Ange-Félix Patassé remplacé par François Bozizé à la suite d'un coup d'État
2013	Michel Djotodia élu président à la suite d'un coup d'État
2014	démission de Michel Djotodia et Catherine Samba-Panza élue présidente
2016	Faustin-Archange Touadéra élu président

Comores

Nom complet : Union des Comores
Gentilé : Comorien, ne
Géographie : État de l'océan Indien
Climat : climat tropical
Population : 833 900 habitants (2019)
Superficie : 2 236 km^2
Langues officielles : comorien, arabe, français
Fête nationale : le 6 juillet
Religion : islam
Capitale : Moroni
Grandes villes : Moutsamoudou, Fomboni

Vie politique
Système politique : présidentiel
Président : Azali Assoumani
Pouvoir législatif : Assemblée de l'Union

Économie
Monnaie : franc comorien
Production agricole : bananes, manioc, patates douces, maïs, noix de coco, vanille, clou de girofle, ylang-ylang
Exportations : vanille, girofle, ylang-ylang
Importations : riz, viande, produits pétroliers, véhicules
PIB : 1 177,96 millions USD (2018)

Relations avec la Chine
Les Comores ont établi des relations diplomatiques avec la Chine le 13 novembre 1975.

Grandes dates de son histoire

1886	archipel devenu un protectorat français
1946	archipel détaché administrativement de Madagascar et représenté au Parlement français
1975	indépendance du pays et Ahmed Abdallah devenu président
1997	proclamation de l'indépendance de l'île d'Anjouan et de l'île de Moheli
2000	signature d'un accord pour la création d'un nouvel ensemble comorien
2001	Constitution de l'Union des Comores (le 23 décembre) ; adoption d'un nouveau drapeau
2016, 2019	Azali Assoumani élu et réélu président

Congo (RC)

Nom complet : République du Congo
Gentilé : Congolais, e
Géographie : Afrique centrale
Climat : équatorial au nord et tropical au sud-ouest
Population : 4 557 000 habitants (2019)
Superficie : 342 000 km^2
Langues : français (officielle), langues nationales dont kikongo et lingala
Fête nationale : le 15 août
Religions : animisme, christianisme, islam
Capitale : Brazzaville
Grandes villes : Pointe-Noire, Dolisie, Nkayi
Pays voisins : le Gabon, le Cameroun, la Centrafrique, la République démocratique du Congo, l'Angola

Vie politique

Système politique : présidentiel
Président : Denis Sassou-Nguesso
Pouvoir législatif : Assemblée nationale, Sénat
Premier ministre : Clément Mouamba

Économie

Monnaie : franc CFA
Industries : industrie extractive, industrie manufacturière
Ressources minières : pétrole, fer, phosphate, potasse
Production agricole : cannes à sucre, cacao, café, bananes plantains, maïs
Exportations : pétrole, bois, cacao, café
Importations : produits alimentaires, machinerie, produits chimiques
PIB : 11 263,68 millions USD (2018)

Relations avec la Chine

La République du Congo a établi des relations diplomatiques avec la Chine le 22 février 1964.

Grandes dates de son histoire

Entre les Xe et XIIe siècles	royaume de Loango des Vili
XIIIe siècle	royaume de Kongo
XVIIe siècle	royaume Tio
1875	première expédition de Savorgnan de Brazza dans le territoire
1880	traité de protectorat au profit de la France
1884-1885	conférence de Berlin reconnaissant les droits de la France sur la rive droite de Congo
1891	colonie française
1910	Brazzaville devient la capitale de l'Afrique équatoriale française.
1940-1944	Brazzaville devient la capitale de la France libre.
1958	Le pays devient une république dans le cadre de l'Union française sous le nom de Congo-Brazzaville.
1960	indépendance du pays sous le nom de la République du Congo
1961	Fulbert Youlou devenu président
1968	Le pays porte le nom de la République populaire du Congo.
1979	colonel Denis Sassou-Nguesso au pouvoir
1991	pays redevenu la République du Congo et puis une période d'instabilité
2002, 2009, 2016	réélections de Sassou-Nguesso
2016	manifestations et émeutes contre la réélecion de Sassou-Nguesso

Congo (RDC)

Nom complet : République démocratique du Congo
Gentilé : Congolais, e
Géographie : Afrique centrale
Climat : équatorial et tropical
Population : 98 590 000 habitants (2019)
Superficie : 2 344 885 km^2
Langues : français (officielle), langues nationales dont kikongo, lingala, swahili et kiluba
Fête nationale : le 30 juin
Religions : christianisme, islam, animisme
Capitale : Kinshasa
Grandes villes : Mbuji-Mayi, Lubumbashi, Kisangani
Pays voisins : la République du Congo, l'Angola, la Zambie, la Tanzanie, le Burundi, le Rwanda, l'Ouganda, le Soudan, la Centrafrique

Vie politique
Système politique : semi-présidentiel
Président : Félix Tshisekedi
Pouvoir législatif : Assemblée nationale, Sénat
Premier ministre : Sama Lukonde Kyenge

Économie
Monnaie : franc congolais
Industries : industrie minière, industrie alimentaire, industrie textile
Ressources minières : cobalt, cuivre, or, zinc, lithium, uranium
Production agricole : manioc, maïs, arachides
Exportations : cobalt, cuivre, pétrole brut, diamant, produits agricoles et forestiers
Importations : produits alimentaires, produits de consommation quotidienne, machinerie, matières premières
PIB : 47 227,54 millions USD (2018)

Relations avec la Chine
La République démocratique du Congo a établi des relations diplomatiques avec la Chine le 20 février 1961, mais elles ont été interrompues le 18 septembre de l'année courante, pour être finalement renouées le 24 novembre 1972.

Grandes dates de son histoire

Vers la fin du Moyen Âge	différents royaumes (luba, kuba, lunda, kongo, etc.) sur le territoire
XVe-XVIe siècles	exploration des Portugais
1874-1877	exploration du fleuve Congo par le Britannique Henry Morton Stanley
1884-1885	Le Congo, décrété auparavant propriété personnelle du roi des Belges, devient un « État indépendant » selon la conférence de Berlin.
1908	colonie belge
1960	indépendance du pays sous le nom de République du Congo
1961	début d'une période de troubles, assassinat de Patrice Lumumba
1964	adoption du nom de la République démocratique du Congo
1965	arrivée au pouvoir de Joseph Désiré Mobutu
1971	adoption du nom de la République du Zaïre
1997	Laurent-Désiré Kabila se proclame président de la République démocratique du Congo.
2001	assassinat de Laurent-Désiré Kabila
2002	accord politique pour la gestion consensuelle de la transition en RDC
2006	Joseph Kabila élu président
2019	Félix Tshisekedi élu président

Côte-d'Ivoire

Nom complet : République de Côte d'Ivoire
Gentilé : Ivoirien, ne
Géographie : Afrique occidentale
Climat : équatorial et tropical de savane
Population : 25 808 000 habitants (2019)
Superficie : 322 463 km^2
Langues : français (officielle), une soixante de langues vernaculaires dont baoulé et dioula (majoritaires)
Fête nationale : le 7 août
Religions : islam, christianisme, animisme
Capitale : Yamoussoukro (depuis le 21 mars 1983)
Grandes villes : Abidjan, Bouaké, Daloa
Pays voisins : le Mali, le Burkina Faso, le Libéria, la Guinée, le Ghana

Vie politique

Système politique : présidentiel
Président : Alassane Ouattara
Pouvoir législatif : Assemblée nationale
Premier ministre : Patrick Achi

Économie

Monnaie : franc CFA
Industries : industrie extractive, industrie du bois et meubles, industrie d'électricité, industrie métallique, industrie agroalimentaire
Ressources minières : pétrole brut, gaz naturel, or, manganèse, nickel, fer, diamant, coltan
Production agricole : cacao, latex, huile de palme, bananes, ananas, maïs, soja
Exportations : café, cacao, huile de palmier, bois, coton, ananas
Importations : produits pétroliers, équipements de transport, produits alimentaires, combustibles, biens de consommation
PIB : 43 007,05 millions USD (2018)

Relations avec la Chine

La Côte-d'Ivoire et la Chine ont établi des relations diplomatiques le 2 mars 1983.

Grandes dates de son histoire

Fin du IXe siècle	nord de la Côte d'Ivoire peuplé par les Sénoufo et les Koulango, arrivée des Pygmées
XVe siècle	arrivée des explorateurs portugais
XVIe-XIXe siècles	succession de nombreux royaumes
1893	constitution de la colonie française de Côte-d'Ivoire
1902	intégration du pays à l'Afrique occidentale française
1960	indépendance du pays, Houphouët-Boigny devient le premier président
1995	première élection présidentielle
1999	coup d'État militaire par le général Rober Gueï qui a pris le pouvoir
2000	Laurent Gbagbo élu président
2000-2007	guerre civile
2010	crise de l'élection présidentielle (Alassane Ouattara s'opposant à Laurent Gbagbo), Alassane Ouattara reconnu par les pays occidentaux, la Communauté économique de l'Afrique de l'Ouest et l'Union africaine
2015	Alassane Ouattara réélu président

Djibouti

Nom complet : République de Djibouti
Gentilé : Djiboutien, ne
Géographie : État du nord-est de l'Afrique, sur l'océan Indien
Climat : désertique chaud
Population : 977 900 habitants (2019)
Superficie : 23 200 km^2
Langues : arabe et français (officielles), afar et somali (nationales)
Fête nationale : le 27 juin
Religion : islam
Capitale : Djibouti
Grandes villes : Tadjoura, Dikhil, Ali Sabieh, Arta
Pays voisins : la Somalie, l'Érythrée, l'Éthiopie

Vie politique

Système politique : présidentiel
Président : Ismaïl Omar Guelleh
Pouvoir législatif : Assemblée nationale
Premier ministre : Abdoulkader Kamil Mohamed

Économie

Monnaie : franc djiboutien
Ressources minières : or, cuivre, zinc, fer, aluminium
Exportations : bétail, cuir
Importations : produits alimentaires, biens d'équipement, pétrole
PIB : 2 955,91 millions USD (2018)

Relations avec la Chine

Djibouti a établi des relations diplomatiques avec la Chine le 8 janvier 1979.

Grandes dates de son histoire

Avant la colonisation	territoire dominé par Éthiopiens, Égyptiens, Arabes et Turcs ottomans
1850	arrivée des explorateurs français
1888	occupation du territoire par les Français
1896	côte française des Somalis
1967	territoire français des Afars et des Issas
1977	indépendance de Djibouti et la France y maintient une importante base militaire
2002	ouverture d'une base militaire américaine à Djibouti
2003	premières élections législatives pluralistes
2005, 2011, 2016	Ismaïl Omar Guelleh élu et réélu président

Fédération Wallonie-Bruxelles

Nom complet : Fédération Wallonie-Bruxelles
Gentilé : Belge
Géographie : partie sud de la Belgique et région de Bruxelles-Capitale
Climat : tempéré océanique
Population : 4 609 997 habitants (2017)
Superficie : 16 151 km^2
Langue : français
Religion : catholicisme
Grandes villes : Bruxelles, Charleroi, Liège, Mons, Namur, Tournai

Vie politique

Principaux partis politiques de la Fédération Wallonie-Bruxelles : Parti socialiste, Mouvement réformateur, Écolo, Centre démocrate humaniste, Parti Démocrate Fédéraliste Indépendant
Président de la Fédération Wallonie-Bruxelles : Pierre-Yves Jeholet

Économie

Monnaie : euro
Industries : industrie pharmaceutique, industrie de la fabrication de produits en caoutchouc et en plastique
Ressources minières : fer, phosphate, charbon
PIB : 175 087,45 millions USD (2015)

Grandes dates de son histoire

- **1970** création de trois communautés culturelles (française, néerlandaise et allemande) et de trois régions (wallonne, flamande et bruxelloise) à la suite de l'établissement du principe de l'autonomie culturelle
- **1980** loi spéciale de réforme institutionnelle qui porte la création des communautés française et flamande
- **1988** extension des compétences des communautés par une nouvelle révision de la Constitution et par une loi spéciale
- **1993** adoption du pouvoir d'auto-organisation lors de la révision constitutionnelle de 1993
- **2001** réforme fiscale qui étend sensiblement l'autonomie fiscale des régions
- **2011** « Communauté française » transformée en « Fédération Wallonie-Bruxelles »

Gabon

Nom complet : République gabonaise
Gentilé : Gabonais, e
Géographie : Afrique centrale
Climat : équatorial, chaud et humide
Population : 2 007 000 habitants (2019)
Superficie : 267 667 km^2
Langues : français (officielle), langues nationales dont fang, mbédé et punu
Fête nationale : le 17 août
Religions : christianisme, islam, animisme
Capitale : Libreville
Grandes villes : Port-Gentil, Franceville, Oyem
Pays voisins : le Cameroun, la Guinée-équatoriale, la République du Congo

Vie politique
Système politique : présidentiel
Président : Ali Bongo Ondimba
Pouvoir législatif : Assemblée nationale, Sénat
Premier ministre : Julien Nkoghe Bekalé

Économie
Monnaie : franc CFA
Industries : industrie pétrolière, industrie extractive, industrie de transformation du bois
Ressources minières : manganèse, or, fer, niobium, uranium, cuivre, zinc
Production agricole : manioc, maïs, igname, cacao, café, arachides
Exportations : manganèse, pétrole, produits miniers, bois d'œuvre
Importations : produits manufacturés, produits agricoles
PIB : 16 853,59 millions USD (2018)

Relations avec la Chine
Le Gabon et la Chine ont établi des relations diplomatiques le 20 avril 1974.

Grandes dates de son histoire

XVe siècle	arrivée des Portugais en pays pygmée, suivis par les Français, les Hollandais, les Espagnols et les Anglais
1886	colonie française après la venue de Savorgnan de Brassa
1960	indépendance du pays
1961	Léon M'ba devient président, et ce jusqu'à sa mort en 1967.
1967	Omar Bongo devient président.
1990	instauration du multipartisme
1997	création du Sénat
2009	décès d'Omar Bongo et son fils Ali Bongo Ondimba élu président

Guinée

Nom complet : République de Guinée
Gentilé : Guinéen, ne
Géographie : Afrique de l'Ouest
Climat : tropical à deux saisons, saison des pluies et saison sèche
Population : 12 214 000 habitants (2019)
Superficie : 245 857 km²
Langues : français (officiel), peul, malinké, soussou
Fête nationale : le 2 octobre
Religions : islam, christianisme, animisme
Capitale : Conakry
Grandes villes : Nzérékoré, Kindia, Boké, Kankan
Pays voisins : la Guinée-Bissau, le Sénégal, le Mali, la Côte d'Ivoire, le Libéria, la Sierra Leone

Vie politique
Système politique : présidentiel
Président : Alpha Condé
Pouvoir législatif : Assemblée nationale
Premier ministre : Ibrahima Kassory Fofana

Économie
Monnaie : franc guinéen
Industries : industrie minière, pêche
Ressources minières : bauxite, alumine, fer, or, diamant
Production agricole : riz, mil, sorgho, coton, café, hévéa, palmiers à huile
Exportations : alumine, bauxite, diamant, or, café, poissons
Importations : produits pétroliers, biens semi-manufacturés, textiles, grains, denrées alimentaires, produits agricoles
PIB : 10 907,21 millions USD (2018)

Relations avec la Chine
La Guinée et la Chine ont établi des relations diplomatiques le 4 octobre 1959.

Grandes dates de son histoire

XIIIᵉ siècle	migration des groupes peuls de la zone sahélienne vers le Fouta-Djalon, région propice à l'élevage
XVᵉ-XIXᵉ siècles	exploration des Portugais puis des Britanniques et des Français
XVIIᵉ siècle	Sur l'initiative des Portugais le pays des Malinkés devient le centre de la « traite des noirs ».
XIXᵉ siècle	islamisation du pays
1891	colonie française, intégrée à l'Afrique occidentale française en 1895
1952	création du mouvement nationaliste par Sékou Touré
1958	indépendance du pays, Sékou Touré devient président
1984	Le colonel Lansana Conté devient président après le décès de Sékou Touré.
1993	Lansana Conté élu président et réélu en 1998 et 2003
2008	décès de Lansana Conté, puis coup d'État militaire
2010	Alpha Condé élu président
2015	réélection d'Alpha Condé

Guinée équatoriale

Nom complet : République de Guinée équatoriale
Gentilé : Équato-Guinéen, ne
Géographie : Afrique centrale
Climat : équatorial
Population : 1 406 000 habitants (2019)
Superficie : 28 051 km^2
Langues officielles : espagnol, français, portugais
Fête nationale : le 12 octobre
Religions : catholicisme, islam, animisme
Capitale : Malabo
Grandes villes : Bata, Ebebiyín, Aconibe
Pays voisins : le Cameroun, le Gabon

Vie politique
Système politique : présidentiel
Président : Teodoro Obiang Nguema Mbasogo
Pouvoir législatif : Chambre des députés, Sénat
Premier ministre : Francisco Pascual Obama Asue

Économie
Monnaie : franc CFA
Secteur dominant : agriculture
Ressources minières : phosphate, or, bauxite, zinc, diamant
Production agricole : manioc, taro, maïs, café, cacao
Exportations : pétrole, bois, café, cacao, produits aquicoles
Importations : produits agricoles, nécessités journalières, ressources de production
PIB : 13 432,38 millions USD (2018)

Relations avec la Chine
La Guinée équatoriale a établi des relations diplomatiques avec la Chine le 15 octobre 1970.

Grandes dates de son histoire

1471-1778	des îles de la Guinée équatoriale d'aujourd'hui (Annobón, Bioko, Corisco, etc.) découvertes par des navigateurs portugais
1778	signature du traité de Pardo, qui cède les pouvoirs portugais sur ces îles ainsi que sur d'autres territoires continentaux à l'Espagne
1845	établissement d'une colonie espagnole en Guinée équatoriale
1964	mise en place d'un régime équato-guinéen autonome
1968	accès à l'indépendance, fondation de la République de Guinée équatoriale et Francisco Macías Nguema élu président
1979	coup d'État mené par le vice-ministre des Forces armées populaires Teodoro Obiang Nguema Mbasogo
1982	arrivée de Teodoro Obiang Nguema Mbasogo à la présidence
1989, 1996, 2002, 2009, 2016	réélections de Teodoro Obiang Nguema Mbasogo

Haïti

Nom complet : République d'Haïti
Gentilé : Haïtien, ne
Géographie : dans les Caraïbes
Climat : tropical et chaud, tempéré par l'alizé et la diversité du terrain
Population : 10 929 000 habitants (2019)
Superficie : 27 797 km^2
Langues officielles : français, créole haïtien
Fête nationale : le 1er janvier
Religions : christianisme, vaudou
Capitale : Port-au-Prince
Grandes villes : Cap-Haïtien, Gonaïves
Pays voisin : la République dominicaine

Vie politique

Système politique : présidentiel
Président : Jovenel Moïse
Pouvoir législatif : Assemblée nationale
Premier ministre : Joseph Jouthe

Économie

Monnaie : gourde haïtienne
Industries : industrie manufacturière, industrie de sous-traitance et d'assemblage
Ressources minières : or, argent, cuivre, bauxite, carbonate de calcium
Production agricole : café, cacao, maïs, mangue, cannes à sucre, manioc
Exportations : café, produits agricoles
Importations : produits alimentaires, hydrocarbures
PIB : 9 658,72 millions USD (2018)

Relations avec la Chine

Haïti n'entretient pas encore de relations diplomatiques avec la République populaire de Chine.

Grandes dates de son histoire

1697	La partie occidentale de l'île Hispaniola devient possession française à la suite du traité de Ryswick et prend le nom de l'île de Saint-Dominique.
1804	indépendance d'Haïti
1915-1934	crise politique et intervention américaine
1957	prise du pouvoir par François Duvalier « Papa Doc »
1971	succession de Duvalier Jean-Claude, fils de François Duvalier
1986	chute de Duvalier à la suite d'un soulèvement populaire et commencement d'une période d'instabilité et d'une succession de coups d'État militaires
1990	Jean Bertrand Aristide élu président
1991	renversement d'Aristide par l'armée
1994	retour d'Aristide sous la protection des troupes américaines
1996	arrivée au pouvoir de René Préval, Premier ministre sous Aristide
2000	Aristide élu président
2006	René Préval élu président
2008	émeutes liées à l'augmentation des prix des produits alimentaires
2011	Michel Martelly élu président
2016	Jovenel Moïse élu président

Laos

Nom complet : République démocratique populaire lao
Gentilé : Laotien, ne
Géographie : Asie du Sud-Est
Climat : tropical
Population : 7 271 000 habitants (2019)
Superficie : 236 800 km^2
Langue officielle : lao
Fête nationale : le 2 décembre
Religion : bouddhisme
Capitale : Vientiane
Grandes villes : Savannakhet, Paksé, Luang Prabang
Pays voisins : la Birmanie, la Chine, la Thaïlande, le Cambodge, le Vietnam

Vie politique
Système politique : république
Président : Thongloun Sisoulith
Pouvoir législatif : Assemblée nationale
Premier ministre : Phankham Viphavanh

Économie
Monnaie : kip
Secteur dominant : agriculture
Ressources minières : étain, plomb, potasse, cuivre, fer, or, gypse, charbon, terres rares
Production agricole : riz, maïs, patates, café, tabac, arachides, coton
Exportations : hydroélectricité, bois, produits forestiers, café, métal
Importations : équipements électriques, matériaux pour l'industrie vestimentaire, combustibles minéraux
PIB : 17 953,79 millions USD (2018)

Relations avec la Chine
Le Laos a établi des relations diplomatiques avec la Chine le 25 avril 1961.

Grandes dates de son histoire

- **1353** — fondation de l'État de Lan Xang à l'emplacement actuel du Laos
- **À partir de 1707** — Les provinces passent successivement sous le contrôle du Siam (Thaïlande).
- **1893** — signature du traité franco-siamois qui reconnaît le protectorat de la France sur la partie orientale de Lan Xang
- **1940** — occupation japonaise
- **1945** — proclamation de l'indépendance du Laos après la capitulation du Japon
- **1946** — échec des tentatives indépendantistes avec le retour des forces françaises
- **1947** — fondation du Royaume du Laos avec l'instauration de la monarchie constitutionnelle
- **1954** — échec de la France dans la bataille de Dien-Bien-Phu, signature des accords de Genève qui rétablit l'indépendance du pays
- **1954-1973** — guerre civile laotienne, avec interventions des forces américaines
- **1975** — instauration de la République démocratique populaire lao
- **1989** — ouverture à l'économie moderne et à l'intégration régionale
- **1991** — adoption de la première Constitution
- **2016** — Bounnhang Vorachith élu président

Le Québec (Canada)

Nom complet : province du Québec
Gentilé : Québécois, e
Géographie : nord-est de l'Amérique du Nord, entre l'Ontario et les provinces de l'Atlantique
Climat : arctique, subarctique, continental, humide et maritime
Population : 8 484 965 habitants (2018)
Superficie : 1 667 712 km^2
Langues officielles : français, anglais
Religion : christianisme
Capitale : ville de Québec
Grandes villes : Montréal, Laval, Gatineau, Longueuil, Sherbrooke

Vie politique

Principaux partis politiques du Québec : Parti libéral, Parti québécois, Coalition Avenir Québec
Premier ministre du Québec : François Legault

Économie

Monnaie : dollar canadien
Industries : foresterie, pêche et chasse, industrie de construction, industrie de fabrication, industrie productrice de services
Exportations : aluminium, alliages, automobiles, matériel électrique, télécommunications, papier journal
Importations : automobiles, pétrole brut, produits chimiques et organiques, produits textiles et alimentaires
PIB : 435 400 millions USD (2017)

Grandes dates de son histoire

- **1534** arrivée de l'explorateur français, Jacques Cartier, à la pointe orientale du Québec
- **1608** fondation de la ville de Québec par Samuel de Champlain
- **1663** octroi par Louis XIV à la Nouvelle-France du statut de province royale
- **1759** défaite des troupes françaises face aux Anglais à la bataille des plaines d'Abraham
- **1763** cession de la Nouvelle-France par le traité de Paris à la Couronne anglaise
- **1867** Acte de l'Amérique du Nord britannique qui réunit en fédération les provinces de l'Ontario, du Québec, de la Nouvelle-Écosse et du Nouveau-Brunswick
- **1944** création d'Hydro-Québec
- **1960** commencement de la Révolution tranquille, période de grands changements socio-économiques
- **1976** élection du Parti québécois de René Lévesque
- **1977** proclamation de la Charte de la langue française assurant le maintien du caractère francophone du Québec
- **1980** échec du référendum organisé par le gouvernement du Parti québécois portant sur un projet de souveraineté du Québec
- **1982** rapatriement par le gouvernement du Canada au Royaume-Uni de la Constitution canadienne sans l'accord du Québec
- **1995** échec d'un deuxième référendum portant sur un projet de souveraineté du Québec assorti d'une offre de partenariat avec le reste du Canada

Liban

Nom complet : République libanaise
Gentilé : Libanais, e
Géographie : Proche-Orient
Climat : méditerranéen
Population : 6 173 000 habitants (2019)
Superficie : 10 452 km^2
Langues : arabe (officielle), français (usage courant et statut particulier), anglais (usage courant)
Fête nationale : le 22 novembre
Religions : islam, christianisme, orthodoxe
Capitale : Beyrouth
Grandes villes : Tripoli, Saïda, Tyr, Zahlé
Pays voisins : la Syrie, la Palestine, Israël

Vie politique
Système politique : parlementaire
Président : Michel Aoun
Pouvoir législatif : Parlement (chambre unique)
Premier ministre par intérim : Saad Hariri

Économie
Monnaie : livre libanaise
Industries : manufacture, textiles
Ressources minières : fer, plomb, cuivre
Production agricole : fruits et légumes
Exportations : fruits, légumes, textiles, produits chimiques, vin
Importations : denrées alimentaires
PIB : 56 639,16 millions USD (2018)

Relations avec la Chine
Le Liban et la Chine ont établi des relations diplomatiques le 9 novembre 1971.

Grandes dates de son histoire

2000 av. J.-C.	une partie de la Phénicie
VIIe siècle	islamisation du pays
XVIe siècle	domination ottomane
1860	expédition française
1920-1943	sous mandat français
1943	proclamation de l'indépendance de la République libanaise
1975-1990	crise politique et guerre civile
1992-1998	période de reconstruction sous Rafic Hariri
1998	élection d'Émile Lahoud
2000	retour au pouvoir de Rafic Hariri en tant que Premier ministre
2005	assassinat de Rafic Hariri
2009	Saad Hariri nommé Premier ministre par le président Michel Sleiman
2016	élection de Michel Aoun à la présidence

Louisiane (États-Unis)

Nom complet : État de la Louisiane
Gentilé : Louisianais, e
Géographie : Amérique, entouré à l'ouest par le Texas, au nord par l'Arkansas, à l'est par le Mississippi et au sud par le golfe du Mexique
Climat : de type subtropical humide
Population : 4 648 794 habitants (2019)
Superficie : 134 382 km^2
Langues : anglais (officielle), français, créole de Louisiane
Religion : catholicisme
Capitale : Bâton Rouge
Grande ville : la Nouvelle-Orléans

Économie
Monnaie : dollar américain
Industries : industrie pétrolière, industrie de manufacture, industrie aérospatiale
Ressources minières : pétrole, gaz naturel, phosphate
Production agricole : cannes à sucre, riz, patates douces, soja, coton
PIB : 239 609 millions USD (2017)

Grandes dates de son histoire

av. J.-C.	Les Indiens habitaient dans cette région.
1682	occupation de ce territoire au nom de la France par Cavalier de La Salle, explorateur français
1702	adoption de la nomination « Louisiane » en l'honneur de Louis XIV
1762	domination espagnole
1800	La Louisiane redevient une colonie française.
1803	Louisiane cédée par Napoléon Bonaparte aux États-Unis au prix de 15 millions de dollars
1812	La Louisiane devient le 18e État des États-Unis.

Luxembourg

Nom complet : Grand-Duché de Luxembourg
Gentilé : Luxembourgeois, e
Géographie : Europe occidentale
Climat : tempéré, humide en hiver
Population : 619 400 habitants (2019)
Superficie : 2 586 km^2
Langues officielles : luxembourgeois, français, allemand
Fête nationale : le 23 juin
Religion : christianisme
Capitale : Luxembourg-Ville
Grandes villes : Esch-sur-Alzette, Dudelange
Pays voisins : la Belgique, l'Allemagne, la France

Vie politique
Système politique : monarchie constitutionnelle
Pouvoir législatif : Grand-Duc et Chambre des députés
Pouvoir exécutif : Grand-Duc Henri
Premier ministre : Xavier Bettel

Économie
Monnaie : euro
Industries : extraction du fer, sidérurgie, industrie financière
Ressources minières : fer, acier
Agriculture : élevage, viticulture
Exportations : acier, matières plastiques, produits du caoutchouc
Importations : produits alimentaires, machinerie diverse
PIB : 70 885,33 millions USD (2018)

Relations avec la Chine
Le Luxembourg a noué des relations diplomatiques avec la Chine le 16 novembre 1972.

Grandes dates de son histoire

Xe siècle	fondation du Luxembourg par le comte Sigefroi
963	Sigefroi Ier devient le premier comte du Luxembourg.
1795	annexion par la France
1815	Le Luxembourg devient un grand-duché à la suite du congrès de Vienne.
1868	élaboration de la Constitution
1890	La famille de Nassau devient famille régnante.
1947	convention douanière néerlando-belgo-luxembourgeoise – Protocole
1957	adhésion à la Communauté économique européenne
1992	ratification du traité de Maastricht
2000	Le Grand-Duc Henri monte sur le trône.
2005	référendum national en faveur du projet de la Constitution pour l'Europe

Madagascar

Nom complet : République de Madagascar
Gentilé : Malgache
Géographie : Afrique du Sud-Est, ouest de l'océan Indien
Climat : tempéré par la hauteur du relief au centre, tropical et humide à l'est, semi-désertique au sud
Population : 25 661 000 habitants (2019)
Superficie : 590 750 km^2
Langues officielles : malgache, français
Fête nationale : le 26 juin
Religions : christianisme, islam, animisme
Capitale : Antananarivo
Grandes villes : Toamasina, Antsirabe, Mahajanga, Fianarantsoa

Vie politique
Système politique : semi-présidentiel
Président : Andry Nirina Rajoelina
Pouvoir législatif : Assemblée nationale, Sénat
Premier ministre : Christian Ntsay

Économie
Monnaie : ariary
Industries : industrie extractive, industrie textile, industrie agroalimentaire, industrie des matériaux de construction
Ressources minières : fer, charbon, ilménite, bauxite, chromite, mica, uranium, graphite
Production agricole : riz, manioc, haricots, maïs, café
Exportations : café, girofle, vanille, minéraux
Importations : produits manufacturés, pétrole raffiné, produits agricoles
PIB : 13 853,43 millions USD (2018)

Relations avec la Chine
Madagascar a établi des relations diplomatiques avec la Chine le 6 novembre 1972.

Grandes dates de son histoire

XIXe siècle	formation du royaume de Madagascar autour des souverains d'Antananarivo
1896	île annexée par la France
1956	accession à l'autonomie sous la présidence de Philibert Tsiranana
1958	fondation de la République malgache
1960	indépendance du pays
1972-1975	période d'instabilité politique
1993	Albert Zafy élu président
1997	après une période de troubles, Didier Ratsiraka élu président
2002	Marc Ravalomanana proclamé président
2006	Marc Ravalomanana réélu président
2009	Andry Nirina Rajoelina au pouvoir après une période de directoire

Mali

Nom complet : République du Mali
Gentilé : Malien, ne
Géographie : Afrique de l'Ouest
Climat : désertique-tropical
Population : 20 005 000 habitants (2019)
Superficie : 1 241 238 km^2
Langues : français (officielle), bien des langues nationales dont bambara (la plus parlée), bobo, bozo, dogon et peul
Fête nationale : le 22 septembre
Religions : islam, christianisme, animisme
Capitale : Bamako
Grandes villes : Sikasso, Koutiala, Ségou, Kayes, Mopti, Gao
Pays voisins : la Mauritanie, le Sénégal, l'Algérie, le Niger, la Guinée, la Côte-d'Ivoire, le Burkina Faso

Vie politique
Système politique : présidentiel
Président : Bah N'Daw
Pouvoir législatif : Assemblée nationale
Premier ministre : Moctar Ouane

Économie
Monnaie : franc CFA
Industries : industrie textile, industrie extractive, industrie de la construction
Ressources minières : bauxite, fer, or, manganèse
Production agricole : mil, sorgho, riz, coton, arachides
Exportations : coton, or, bétail vivant
Importations : produits manufacturés, produits pétroliers, produits alimentaires
PIB : 17 163,43 millions USD (2018)

Relations avec la Chine
Le Mali a établi des relations diplomatiques avec la Chine le 25 octobre 1960.

Grandes dates de son histoire

IVe siècle	règne de l'Empire du Ghana
XIe siècle	règne de l'Empire du Mali et Peuls
1895	début de la colonisation française, le pays portant le nom du Soudan
1958	autonomie du Soudan au sein de la communauté française
1959	fédération du Soudan avec le Sénégal
1960	indépendance du pays avec Modibo Keïta comme président
1968	Moussa Traoré au pouvoir par un coup d'État
1992	Alpha Oumar Konaré élu président
1997	réélection d'Alpha Oumar Konaré
2002	Amadou Toumani Touré élu président
2012	Amadou Toumani Touré renversé par un coup d'État
2013	Ibrahim Boubacar Keïta élu président et réélu en 2018

Maroc

Nom complet : Royaume du Maroc
Gentilé : Marocain, e
Géographie : Afrique du Nord-Ouest
Climat : méditerranéen, atlantique, continental et désertique
Population : 35 020 000 habitants (2019)
Superficie : 459 000 km^2
Langues : arabe et amazighe (officielles), français, espagnol
Fête nationale : le 30 juillet
Religion : islam
Capitale : Rabat
Grandes villes : Casablanca, Marrakech, Fès
Pays voisin : l'Algérie

Vie politique

Système politique : monarchie parlementaire
Roi : Mohammed VI
Pouvoir législatif : Chambre des représentants, Chambre des conseillers
Chef du Gouvernement : Saad Eddine El Othmani

Économie

Monnaie : dirham marocain
Industries : industrie alimentaire, industrie du textile et du cuir
Ressources minières : phosphate, pétrole, zinc, argent, cobalt, plomb, cuivre, manganèse
Production agricole : céréales
Exportations : phosphate, vêtements
Importations : pétrole raffiné, produits chimiques, blé
PIB : 117 921,39 millions USD (2018)

Relations avec la Chine

Le Maroc et la Chine ont établi des relations diplomatiques le 1er novembre 1958.

Grandes dates de son histoire

VIIe siècle av. J.-C.	comptoirs fondés par les Phéniciens sur les côtes de la mer méditerranéenne et de l'océan Atlantique
681	conquête des Arabes, qui imposent l'islam aux Berbères
1844	pénétration des Français
1904	accords entre la France, la Grande-Bretagne et l'Espagne en vue du partage du Maroc
1912	traité instituant le protectorat français signé à Fès, le nord du Maroc est placé sous protectorat espagnol par la convention de Madrid
1956	indépendance du Maroc avec le roi Mohammed V
1961	couronnement du roi Hassan II
1979	ancien Sahara espagnol occupé par le Maroc, ce qui est contesté par le Front Polisario
1984	retrait du Maroc de l'Organisation de l'unité africaine en protestation à l'adhésion du Polisario
1999	couronnement de Mohammed VI
2017	retour du Maroc à l'Union africaine

Maurice

Nom complet : République de Maurice
Gentilé : Mauricien, ne
Géographie : sud-ouest de l'océan Indien
Climat : tropical
Population : 1 265 800 habitants (2019)
Superficie : 2 040 km^2
Langues : anglais et français (officielles), créole (usage courant)
Fête nationale : le 12 mars
Religions : hindouisme, christianisme, islam
Capitale : Port-Louis
Grandes villes : Quatre Bornes, Curepipe, Rose-Hill

Vie politique
Système politique : parlementaire
Président : Prithvirajsing Roopun
Pouvoir législatif : gouvernement, Assemblée nationale
Premier ministre : Pravind Jugnauth

Économie
Monnaie : roupie mauricienne
Industrie : industrie textile
Production agricole : cannes à sucre, thé, arachides, tabac
Exportations : sucre, textiles, poissons
Importations : produits pétroliers, produits chimiques, véhicules
PIB : 14 220,35 millions USD (2018)

Relations avec la Chine
La République de Maurice a établi des relations diplomatiques avec la Chine le 15 avril 1972.

Grandes dates de son histoire

- **1505** découverte de l'île Maurice par les Portugais
- **1598** domination des Hollandais et l'île baptisée Mauritius
- **1715** domination française sous le nom de l'île de France
- **1814** occupation des Anglais confirmée par le traité de Paris
- **1968** État indépendant dans le Commonwealth
- **1992** fondation de la république
- **1995** adhésion de l'île à la Communauté de développement d'Afrique australe
- **1999** émeutes à Port-Louis provoquées par la mort dans un commissariat du chanteur mauricien de seggae Kaya
- **2015** Ameenah Gurib-Fakim devient la première femme à être présidente de la République.

Mauritanie

Nom complet : République islamique de Mauritanie
Gentilé : Mauritanien, ne
Géographie : Afrique du Nord-Ouest
Climat : continental et tropical, très chaud avec peu de pluie
Population : 4 095 759 habitants (2019)
Superficie : 1 030 000 km^2
Langues : arabe (officielle), français (usage courant)
Fête nationale : le 28 novembre
Religion : islam
Capitale : Nouakchott
Grandes villes : Nouâdhibou, Rosso, Adel Bagrou
Pays voisins : l'Algérie, le Mali, le Sénégal

Vie politique

Système politique : présidentiel
Président : Mohamed Ould Cheikh El Ghazouani
Pouvoir législatif : Assemblée nationale
Premier ministre : Mohamed Ould Bilal

Économie

Monnaie : ouguiya
Industries : industrie d'extraction, industrie de manufacture
Ressources minières : fer, or, cuivre, pétrole
Production agricole : sorgho, mil, maïs, palmiers
Exportations : fer, or, cuivre, poissons
Importations : produits pétroliers, produits alimentaires, sucre, thé
PIB : 5 234,82 millions USD (2018)

Relations avec la Chine

La Mauritanie et la Chine ont établi des relations diplomatiques le 19 juillet 1965.

Grandes dates de son histoire

1443-1724	succession d'occupations étrangères (Portugais, Hollandais, Anglais, Français)
1858	pénétration des Français dans le pays
1902	nom de « Mauritanie » donné par Xavier Coppolani qui conquiert l'intérieur du pays
1903	protectorat français
1920	colonie française
1960	indépendance du pays et Moktar Ould Daddah élu premier président de la Mauritanie
1984	prise du pouvoir par Ould Taya par un coup d'État
1991	approbation de la nouvelle Constitution (multipartisme)
2005	Ould Taya renversé par un coup d'État
2007	Sidi Ould Cheikh Abdallahi élu président, premier civil à être démocratiquement élu président de le République depuis 30 ans
2008	Sidi Ould Cheikh Abdallahi renversé par Mohamed Ould Abdel Aziz
2009	Mohamed Ould Abdel Aziz élu président et réélu en 2014
2019	Mohamed Ould Cheikh El Ghazouani élu président

Monaco

Nom complet : Principauté de Monaco
Gentilé : Monégasque
Géographie : Côte d'Azur
Climat : méditerranéen
Population : 39 500 habitants (2019)
Superficie : 2,02 km^2
Langue officielle : français
Fête nationale : le 19 novembre
Religion : catholicisme
Capitale : Monaco-Ville
Grande ville : Monte-Carlo
Pays voisin : la France

Vie politique
Système politique : principauté
Prince : Albert II
Pouvoir législatif : Prince et Conseil national
Pouvoir exécutif : sous l'autorité du Prince par un ministre d'État français
Ministre d'État : Pierre Dartout

Économie
Monnaie : euro
Industries : tourisme, industrie de pointe, industrie pharmaceutique, fabrication de produits en caoutchouc et en plastique, industrie chimique
Exportations : cosmétiques, pharmaceutiques, équipements électronique, fabrication de matériel de transport
Importations : énergie, automobiles, équipements, produits chimiques
PIB : 7 184,84 millions USD (2018)

Relations avec la Chine
Le consulat de Chine à Monaco a été ouvert le 16 janvier 1995. Les relations bilatérales ont été promues au niveau d'ambassadeurs en 2006.

Grandes dates de son histoire
- **1297** prise du château de Monaco par François Grimaldi
- **1419** souveraineté reconnue des Grimaldi sur ce terrain et ensuite domination des Espagnols
- **1641** traité de Pétrone mettant fin à la domination espagnole sur Monaco et inaugurant l'alliance avec la France
- **1793** principauté annexée par la France à la Révolution française
- **1814** pouvoir de la dynastie des Grimaldi reconnu par le traité de Paris
- **1861** désenclavement de Monaco par Charles III et Napoléon III
- **1866** création de la ville de Monte-Carlo
- **1911** promulgation de la première Constitution
- **1949** arrivée au pouvoir de Rainier III
- **1997** septième centenaire de la dynastie des Grimaldi
- **2005** intronisation du roi Albert II

Niger

Nom complet : République du Niger
Gentilé : Nigérien, ne
Géographie : Afrique de l'Ouest
Climat : tropical semi-aride, avec une saison sèche et une saison pluvieuse
Population : 22 316 000 habitants (2019)
Superficie : 1 267 000 km^2
Langues : français (officielle), une dizaine de langues nationales dont haoussa, zarma, songhaï et tamajeq
Fête nationale : le 18 décembre
Religion : islam
Capitale : Niamey
Grandes villes : Zinder, Maradi
Pays voisins : l'Algérie, le Bénin, le Burkina Faso, le Tchad, la Libye, le Mali, le Nigeria

Vie politique
Système politique : semi-présidentiel
Président : Mahamadou Issoufou
Pouvoir législatif : Assemblée nationale
Premier ministre : Brigi Rafini

Économie
Monnaie : franc CFA
Industries : industrie minière, industrie manufacturière
Ressources minières : uranium, or, charbon, fer, cuivre, phosphate, étain
Production agricole : mil, sorgho, maïs, niébé, manioc, patates douces
Exportations : uranium, pétrole, or
Importations : matériel de transport, articles manufacturés, produits alimentaires
PIB : 9 290,94 millions USD (2018)

Relations avec la Chine
Le Niger et la Chine ont établi des relations diplomatiques le 20 juillet 1974, qui ont été interrompues en 1992. Les relations diplomatiques ont été renouées en 1996.

Grandes dates de son histoire

X^e-XIXe siècles	Niger méridional dominé par les États haoussa islamisés
1890	exploration des Français
1904	territoire de l'Afrique occidentale française
1922	colonie française
1960	indépendance du pays, Hamani Diori élu président
1974	coup d'État militaire tenté par Seyni Kountché
1996	coup d'État tenté par le général Ibrahim Maïnassara Baré
1999	promulgation d'une nouvelle Constitution, Mamadou Tandja élu président
2010	Tandja renversé par un coup d'État
2011	Mahamadou Issoufou élu président

Nouveau-Brunswick (Canada)

Nom complet : Nouveau-Brunswick
Gentilé : Néo-brunswickois, e
Géographie : au sud-est du Canada, avec des frontières communes avec le Québec au nord, la Nouvelle-Écosse au sud et les États-Unis à l'ouest
Climat : continental
Population : 772 238 habitants (2019)
Superficie : 72 908 km^2
Langues officielles : anglais, français
Religion : christianisme
Capitale : Fredericton
Grandes villes : Moncton, Saint-Jean

Vie politique
Principaux partis politiques : Parti progressiste-conservateur, Parti vert, Alliance des gens
Pouvoir législatif : Assemblée législative du Nouveau-Brunswick
Premier ministre : Blaine Higgs

Économie
Monnaie : dollar canadien
Industries : produits métalliques, produits miniers, machinerie, produits électroniques, tourisme
Ressources minières : zinc, potasse, cuivre, argent, plomb, tourbe mottière, antimoine, bismuth, charbon, gaz naturel
Production agricole : pommes de terre, produits de l'érable, myrtilles, volaille, bétail, produits laitiers
PIB : 36 966 millions USD (2018)

Grandes dates de son histoire

1604	fondation par des Français de l'Acadie qui comprend la région du Nouveau-Brunswick
fin du XVIIe siècle	lieu d'affrontement entre les colons français et britanniques
1710	cession de la région par les Français aux Britanniques
1755	défaite définitive des Français et domination britannique
1784	création officielle de la province du Nouveau-Brunswick à la suite de l'arrivée des populations loyalistes britanniques
1785	accord du roi pour la fondation de la nouvelle ville de Saint-Jean, la première ville canadienne à être constituée en municipalité
début du XIXe siècle	arrivée des Écossais et des Irlandais
1867	Nouveau-Brunswick devenu une des quatre provinces fondatrices du Dominion du Canada
années 1970	mise en place progressive d'un système moderne des partis politiques
2018	entrée au pouvoir du conservateur Blaine Higgs, avec le soutien de l'Alliance des gens

Rwanda

Nom complet : République du Rwanda
Gentilé : Rwandais, e
Géographie : Afrique de l'Est
Climat : tropical de savane
Population : 12 374 000 habitants (2019)
Superficie : 26 338 km²
Langues officielles : kinyarwanda, français, anglais, swahili
Fête nationale : le 1ᵉʳ juillet
Religions : christianisme, islam
Capitale : Kigali
Grandes villes : Butare, Ruhengeri
Pays voisins : l'Ouganda, la Tanzanie, le Burundi, la République démocratique du Congo

Vie politique
Système politique : semi-présidentiel
Président : Paul Kagame
Pouvoir législatif : Chambre des députés, Sénat
Premier ministre : Édouard Ngirente

Économie
Monnaie : franc rwandais
Industries : industrie minière, industrie manufacturière, industrie des matériaux de construction
Ressources minières : tungstène, coltan, or, étain
Production agricole : maïs, pommes de terre, thé, café
Exportations : thé, café, columbo-tantalite, cassitérite
Importations : pétrole, carburant, machinerie
PIB : 9 508,72 millions USD (2018)

Relations avec la Chine
Le Rwanda a établi des relations diplomatiques avec la Chine le 12 novembre 1971.

Grandes dates de son histoire

Avant la colonisation	La population rwandaise précoloniale était composée de clans différents dont les éleveurs (les Tutsi), les agriculteurs (les Hutu), qui sont majoritaires et les artisans (les Twa).
1890	pays inclu dans l'Afrique orientale allemande
1916	occupation par les forces belges
1959	des Tutsi contraints à l'exil en Ouganda à la suite de violences interethniques
1962	indépendance du pays, les Hutu au pouvoir jusqu'en 1994
1994	déclenchement du génocide contre la minorité tutsie par les extrémistes hutus
2000, 2003, 2010	Paul Kagame élu président
2015	révision de la Constitution relative au renouvellement du mandat présidentiel
2017	Paul Kagame réélu président

Sénégal

Nom complet : République du Sénégal
Gentilé : Sénégalais, e
Géographie : Afrique de l'Ouest
Climat : tropical et sec avec saison sèche et saison des pluies
Population : 16 209 000 habitants (2019)
Superficie : 196 722 km^2
Langues : français (officielle), langues nationales dont diola, malinké et wolof
Fête nationale : le 4 avril
Religions : islam, christianisme
Capitale : Dakar
Grandes villes : Pikine, Touba, Guédiawaye, Saint-Louis
Pays voisins : la Mauritanie, le Mali, la Guinée, la Guinée-Bissau

Vie politique
Système politique : présidentiel
Président : Macky Sall
Pouvoir législatif : Assemblée nationale

Économie
Monnaie : franc CFA
Industries : pêche, tourisme, exploitation minière
Ressources minières : alumine, phosphate
Production agricole : millet, riz, maïs, arachides, cannes à sucre
Exportations : huile d'arachide, poissons, alumine, phosphate, coton
Importations : produits pétroliers, biens d'équipement et de consommation, denrées alimentaires
PIB : 24 129,60 millions USD (2018)

Relations avec la Chine
Le Sénégal et la Chine ont établi des relations diplomatiques le 7 décembre 1971, qui ont été rompues au mois de janvier 1996. Les relations diplomatiques ont été renouées en 2005.

Grandes dates de son histoire

VIIIe-XIIe siècles	autorité de l'empire du Ghana sur le territoire
XIVe siècle	autorité de l'empire du Mali sur le territoire
XVIe-XVIIe siècles	autorité de l'empire Songhay sur le territoire
1659	fondation de Saint-Louis par les Français
XVIIe-XVIIIe siècles	concurrence entre les Hollandais, les Français et les Britaniques
1814	Sénégal attribué à la France par le traité de Paris
1895	intégration du Sénégal à l'Afrique occidentale française
1960	indépendance du pays, Léopold Sédar Senghor devenu président
1981	Abdou Diouf élu président et réélu en 1983 et 1988
1993	réélection d'Abdou Diouf
2000	Abdoulaye Wade élu président
2001	révision constitutionnelle qui réduit le mandat présidentiel de sept à cinq ans, et qui supprime le Sénat
2012	Macky Sall élu président et réélu en 2019

Seychelles

Nom complet : République des Seychelles
Gentilé : Seychellois, e
Géographie : archipel de 115 îles, situé dans l'ouest de l'océan Indien et rattaché au continent africain
Climat : tropical
Population : 97 700 habitants (2019)
Superficie : 455 km^2
Langues officielles : créole, anglais, français
Fête nationale : le 29 juin
Religions : christianisme, islam, hindouisme
Capitale : Victoria

Vie politique

Système politique : présidentiel
Président : Wavel Ramkalawan
Pouvoir législatif : Assemblée nationale

Économie

Monnaie : roupie seychelloise
Industries : industrie de l'extraction du guano, industrie alimentaire, industrie de fabrication de bateaux
Ressources minières : fer, sel
Production agricole : noix de coco, cannelle, thé, vanille, manioc, patates douces
Exportations : cannelle, poissons, copra
Importations : produits alimentaires, hydrocarbures, voitures, machinerie
PIB : 1 590,18 millions USD (2018)

Relations avec la Chine

Les Seychelles et la Chine ont établi des relations diplomatiques le 30 juin 1976.

Grandes dates de son histoire

XVIe siècle	découverte des îles par les Portugais
1756	occupation des îles par les Français
1814	occupation des îles par les Anglais
1976	indépendance de l'archipel
1977	application d'une politique socialiste jusqu'en 1993
1993	adoption par référendum d'une nouvelle Constitution et France-Albert René élu président
1998, 2001	réélections de France-Albert
2003	signature d'un accord-cadre de coopération entre les Seychelles et la Réunion
2004	démission de France-Albert et élection de James Michel à la présidence
2006, 2011, 2015	réélections de James Michel
2016	élection de Danny Faure à la présidence

Suisse

Nom complet : Confédération helvétique / suisse
Gentilé : Suisse
Climat : tempéré et océanique
Population : 8 582 000 (2019)
Superficie : 41 284 km^2
Langues officielles : allemand, français, italien, romanche
Fête nationale : le 1er août
Religions : catholicisme, l'Église évangélique réformée
Capitale : Berne
Grandes villes : Genève, Zurich, Bâle, Lausanne
Pays voisins : l'Italie, l'Allemagne, l'Autriche, la France, le Liechtenstein

Vie politique

Système politique : confédération
Pouvoir législatif (sur le plan fédéral) : Conseil national, Conseil des États
Pouvoir exécutif (sur le plan fédéral) : Conseil fédéral
Président de la Confédération : Guy Parmelin

Économie

Monnaie : franc suisse
Industries : industrie financière, industrie horlogère, industrie textile, construction de machines, industrie chimique et pharmaceutique
Ressources énergiques : hydraulique, nucléaire
Production agricole : céréales, pommes de terre, vignes
Exportations : produits pharmaceutiques, produits chimiques, machinerie, horloges, produits textiles et agricoles
Importations : automobiles, métaux
PIB : 705 140,35 millions USD (2018)

Relations avec la Chine

La Suisse est l'un des premiers pays à avoir reconnu la République populaire de Chine. Le 14 septembre 1950, les deux pays ont noué des relations diplomatiques.

Grandes dates de son histoire

Ier siècle av. J.-C.	arrivée de la tribu celte des Helvètes sur le plateau suisse
fin du IIIe siècle	arrivée d'une grande quantité de population d'origine germanique
Ve siècle	installation des Burgondes dans la partie occidentale du pays
1291	création de la Confédération helvétique avec 3 cantons
1476	élargissement de la Confédération à 8 cantons
1513	élargissement de la Confédération à 13 cantons
1803	élargissement de la Confédération à 19 cantons
1815	élargissement de la Confédération à 25 cantons et la neutralité suisse reconnue officiellement par le traité de Vienne
1978	Le Jura francophone s'est fait constituer comme le 26e canton.
2000	entrée en vigueur de la nouvelle Constitution fédérale
2002	adhésion de la Suisse à l'ONU
2008	entrée de la Suisse dans l'espace Schengen

Tchad

Nom complet : République du Tchad
Gentilé : Tchadien, ne
Géographie : Afrique du centre-nord
Climat : désertique-tropical au nord, de savane au sud
Population : 16 350 000 habitants (2019)
Superficie : 1 284 000 km^2
Langues : français et arabe (officielles), plus d'une centaine de langues ou dialectes dont sara, ngambay, mbay, kabalaye, lélé
Fête nationale : le 11 août
Religions : islam, christianisme, animisme
Capitale : N'Djamena
Grandes villes : Sarh, Moundou
Pays voisins : le Soudan, la République centrafricaine, le Cameroun, le Nigeria, le Niger, la Libye

Vie politique
Système politique : présidentiel
Président : Idriss Déby Itno
Pouvoir législatif : Assemblée nationale

Économie
Monnaie : franc CFA
Industries : industrie pétrolière, industrie textile, industrie agroalimentaire
Ressources minières : pétrole, tungstène, natron, cuivre, plomb, zinc
Production agricole : millet, coton, cannes à sucre
Exportations : pétrole brut, coton, gomme arabique, bétail
Importations : produits pharmaceutiques, machinerie, produits pétroliers, céréales
PIB : 11 273,12 millions USD (2018)

Relations avec la Chine
Le Tchad a établi des relations diplomatiques avec la Chine le 28 novembre 1972 mais les relations ont été rompues en 1997. Les deux pays ont renoué leurs relations diplomatiques le 6 août 2006.

Grandes dates de son histoire

Vers XIIIe siècle	époque du Royaume du Kanem
Fin IXe-XIXe siècles	islamisation du territoire
1910	territoire de l'Afrique équatoriale française
1940	ralliement à la France libre, avec le gouvernement Félix Éboué
1960	indépendance du pays
1962-1975	présidence de François Tombalbaye
1980	arrivée au pouvoir de Goukouni Weiddeye
1982	N'Djamena sous le contrôle de Hissène Habré et de ses forces
1990	Habré renversé par Idriss Déby Itno
1996	promulgation d'une nouvelle Constitution suite à un référendum, Idriss Déby Itno élu président
1997	première Assemblée nationale pluraliste
2003	Tchad devenu pays producteur de pétrole
2004	modification de la Constitution pour supprimer la limitation à deux mandats présidentiels
2010	réconciliation entre le Tchad et le Soudan
2016	Idriss Déby Itno réélu pour un cinquième mandat présidentiel
2019	attentats de Boko Haram

Togo

Nom complet : République togolaise
Gentilé : Togolais, e
Géographie : Afrique de l'Ouest
Climat : tropical et forestier au sud, de savane au nord
Population : 7 620 000 habitants (2019)
Superficie : 56 785 km^2
Langues : français (officielle), langues nationales dont éwé et kabiyé
Fête nationale : le 27 avril
Religions : christianisme, islam, animisme
Capitale : Lomé
Grandes villes : Kara, Sokodé, Kpalimé, Atakpamé
Pays voisins : le Burkina Faso, le Bénin, le Ghana

Vie politique
Système politique : semi-présidentiel
Président : Faure Gnassingbé
Pouvoir législatif : Assemblée nationale, Sénat
Premier ministre : Victoire Sidemeho Tomégah Dogbé

Économie
Monnaie : franc CFA
Industries : industrie extractive, industrie agroalimentaire, industrie chimique, industrie textile
Ressources minières : phosphate, pétrole, marbre, attapulgite, manganèse, calcaire, fer, tourbe, or, uranium
Production agricole : coton, cacao, café, igname, manioc, maïs, riz, millet, sorgho
Exportations : ciment, coton, phosphate, produits de beauté, huile de palme
Importations : médicaments, céréales, produits pétroliers
PIB : 5 358,72 millions USD (2018)

Relations avec la Chine
Le Togo et la Chine ont établi des relations diplomatiques le 19 septembre 1972.

Grandes dates de son histoire

Avant la colonisation	règne des rois tribaux
XVe siècle	exploration des Portugais sur la côte togolaise
1884	protectorat allemand
1922	territoire confié par la Société des Nations à la France et à l'Angleterre
1960	indépendance du pays
1967	coup d'État militaire et Étienne Gnassingbé Eyadéma au pouvoir jusqu'à sa mort en 2005
1997	création de la Cour constitutionnelle
2005	arrivée au pouvoir de Faure Gnassingbé, un des fils du président défunt
2007	constitution d'une Assemblée nationale pluraliste
2010, 2015	réélections de Faure Gnassingbé

Tunisie

Nom complet : République tunisienne
Gentilé : Tunisien, ne
Géographie : Afrique du Nord
Climat : méditerranéen, semi-aride et aride
Population : 11 657 000 habitants (2019)
Superficie : 162 000 km^2
Langues : arabe (officielle), français
Fête nationale : le 20 mars
Religion : islam
Capitale : Tunis
Grandes villes : Sfax, Sousse, Kairouan
Pays voisins : l'Algérie, la Libye

Vie politique
Système politique : présidentiel
Président : Kaïs Saïed
Pouvoir législatif : Chambre des députés, Chambre des conseillers
Premier ministre : Hichem Mechichi

Économie
Monnaie : dinar
Industries : alimentation, textiles, construction, mécanique
Ressources minières : pétrole, phosphate
Production agricole : huile d'olive, dattes, agrumes, céréales
Exportations : pétrole, phosphate et dérivés, huile d'olive, bonneterie, confection
Importations : produits manufacturés, produits agricoles, produits de transport
PIB : 39 871,13 millions USD (2018)

Relations avec la Chine
La Tunisie a établi des relations diplomatiques avec la Chine le 10 janvier 1964.

Grandes dates de son histoire

XIe siècle av. J.-C.	civilisation fondée par les Phéniciens sur les côtes
814 av. J.-C.	fondation de Carthage au nord-est de l'actuel Tunis
Du IIe siècle av. J.-C. au Ve siècle après J.-C.	domination romaine
VIIe siècle	arabisation du pays
XVIe siècle	domination ottomane
1881	début du protectorat français
1956	indépendance du pays
1987	prise du pouvoir par Ben Ali
1995	conclusion d'un accord de partenariat entre la Tunisie et l'Union européenne
1999	Ben Ali réélu avec plus de 99% des suffrages
2010-2011	éclatement de la révolution du Jasmin déclenchée par l'immolation d'un vendeur ambulant, fuite de Ben Ali pour l'Arabie saoudite après 23 ans au pouvoir
2011	Moncef Marzouki, élu chef de l'État par la Constituante
2014	Béji Caïd Essebsi devient le premier chef de l'État élu démocratiquement.
2019	décès de Béji Caïd Essebsi et Kaïs Saïed élu président

Vallée d'Aoste (Italie)

Nom complet : Région autonome Vallée d'Aoste
Gentilé : Valdôtain, e
Géographie : dans le nord-ouest de l'Italie, à la frontière de la France et de la Suisse
Climat : alpin
Population : 125 666 habitants (2019)
Superficie : 3 263,25 km^2
Langues officielles : français, italien
Religion : christianisme
Capitale : Aoste
Grandes villes : Châtillon, Saint-Vincent

Vie politique
Principaux partis politiques : Union Valdôtaine, Stella Alpina - Ligue du Nord, Fédération autonomiste
Président : Erik Lavévaz
Pouvoir législatif : Conseil de la Vallée d'Aoste

Économie
Monnaie : euro
Industries : industrie de foresterie, élevage, industrie d'énergie hydroélectrique, tourisme, agrotourisme, hôtellerie, thermalisme
Production agricole : pommes de terre, pommes, raisins, légumes, céréales
PIB : 5 036 millions USD (2017)

Grandes dates de son histoire

25 av. J.-C.	conquête romane dans la Vallée d'Aoste
1032	région sous le contrôle de la Maison de Savoie
1539	proclamation de l'ordonnace de Villers-Cotterêts par François Ier qui rend le français officiel en France, la Savoie y comprise
1796	occupation par les troupes révolutionnaires françaises et intégration de la Vallée d'Aoste à la République française
1861	proclamation du Royaume d'Italie qui entraîne l'intégration de la région dans la future Italie, début d'une période d'italianisation de la Vallée d'Aoste
1909	création par Anselme Réan de la Ligue valdôtaine, société destinée à la défense de la langue française
1948	statut spécial de la Vallée d'Aoste approuvé par l'Assemblée constituante italienne, avec une certaine autonomie administrative, judiciaire, linguistique, etc.
1988	publication par le gouvernement régional d'une adaptation qui énonce les modalités d'un enseignement bilingue

Vanuatu

Nom complet : République de Vanuatu
Gentilé : Vanuatais, e
Géographie : situé en mer de Corail, à 623 km au sud-est des îles Salomon
Climat : tropical ou subtropical
Population : 274 000 habitants (2019)
Superficie : 12 200 km²
Langues : français, anglais et bichelamar (officielles), 108 langues vernaculaires distinctes
Fête nationale : le 30 juillet
Religion : christianisme
Capitale : Port-Vila
Grande ville : Luganville

Vie politique
Système politique : parlementaire
Président : Tallis Obed Moses
Pouvoir législatif : Parlement (chambre unique)
Premier ministre : Bob Loughman

Économie
Monnaie : vatu
Industries : industrie légère très limitée, tourisme
Production agricole : taro, ignames, kava, bananiers, arbres à pain, cannes à sucre
Exportations : copra, huile de coco, bœuf, kava, cacao
Importations : produits alimentaires, équipements, carburants
PIB : 914,30 millions USD (2018)

Relations avec la Chine
Le Vanuatu et la Chine ont établi des relations diplomatiques le 26 mars 1982.

Grandes dates dans son histoire

1606	découverte par l'explorateur portugais Pedro Fernández de Quirós
XVIIᵉ siècle	début des explorations européennes
1887	statut provisoire dit « commission navale mixte » franco-britannique mis en place
1906	îles définies comme condominium des Nouvelles-Hébrides
Durant la Seconde Guerre mondiale	première colonie française à rallier le général de Gaulle
1980	indépendance du pays suivie d'une période d'instabilité politique

Vietnam

Nom complet : République socialiste du Vietnam
Gentilé : Vietnamien, ne
Géographie : Asie du Sud-Est
Climat : chaud et humide, caractérisé par des moussons
Population : 96 479 000 habitants (2019)
Superficie : 329 556 km²
Langue officielle : vietnamien
Fête nationale : le 2 septembre
Religions : bouddhisme, christianisme, bouddhisme hoa hao, caodaïsme
Capitale : Hanoï
Grandes villes : Hô Chi Minh-Ville, Hai Phong, Can Tho, Da Nang
Pays voisins : la Chine, le Laos, le Cambodge

Vie politique
Système politique : république socialiste
Président : Nguyen Phu Trong
Pouvoir législatif : Assemblée nationale
Premier ministre : Nguyen Xuan Phuc

Économie
Monnaie : dong
Industries : industrie textile, industrie de chaussures, industrie agroalimentaire
Ressources minières : charbon, bauxite, pétrole, cuivre, nickel, or, fer
Production agricole : riz, thé, café, latex, caoutchouc
Exportations : pétrole brut, produits textiles, chaussures, riz, bois, produits électroniques, café
Importations : produits électroniques, véhicules, hydrocarbures
PIB : 245 213,69 millions USD (2018)

Relations avec la Chine
Le Vietnam et la Chine ont établi des relations diplomatiques le 18 janvier 1950.

Grandes dates de son histoire

- **208 av. J.-C.** création du royaume du Nam Viet
- **939** première dynastie nationale fondée par Ngô Quyên
- **1802-1945** dynastie des Nguyên
- **1859-1954** domination française
- **1940** occupation japonaise
- **1946-1954** guerre d'Indochine
- **1954** accords de Genève reconnaissant la République démocratique du Vietnam et la partition du pays selon le 17ᵉ parallèle
- **1955-1975** guerre du Vietnam
- **1973** accords de Paris, qui marquent le rétablissement de la paix au Vietnam
- **1976** proclamation de la réunification du Vietnam
- **1995** adhésion du Vietnam à l'ASEAN

Membres de l'OIF

54 membres de plein droit

Albanie	Côte d'Ivoire	Maroc
Andorre	Djibouti	Maurice
Arménie	Dominique	Mauritanie
Belgique	Égypte	Moldavie
Bénin	Fédération Wallonie-Bruxelles	Monaco
Bulgarie	France	Niger
Burkina Faso	Gabon	Roumanie
Burundi	Grèce	Rwanda
Cabo Verde	Guinée	Sainte-Lucie
Cambodge	Guinée-Bissau	Sao Tomé-et-Principe
Cameroun	Guinée équatoriale	Sénégal
Canada	Haïti	Seychelles
Canada – Nouveau-Brunswick	Laos	Suisse
Canada – Québec	Liban	Tchad
Centrafrique	Luxembourg	Togo
Comores	Macédoine du Nord	Tunisie
Congo (RC)	Madagascar	Vanuatu
Congo (RDC)	Mali	Vietnam

7 membres associés

Chypre	Ghana	Qatar
Émirats arabes unis	Kosovo	Serbi
France – Nouvelle-Calédonie		

27 observateurs

Argentine	Gambie	Mozambique
Autriche	Géorgie	Pologne
Bosnie-Herzégovine	Hongrie	République dominicaine
Canada – Ontario	Irlande	République tchèque
Corée du Sud	Lettonie	Slovaquie
Costa Rica	Lituanie	Slovénie
Croatie	Malte	Thaïlande
Estonie	Mexique	Ukraine
États-Unis – Louisiane	Monténégro	Uruguay

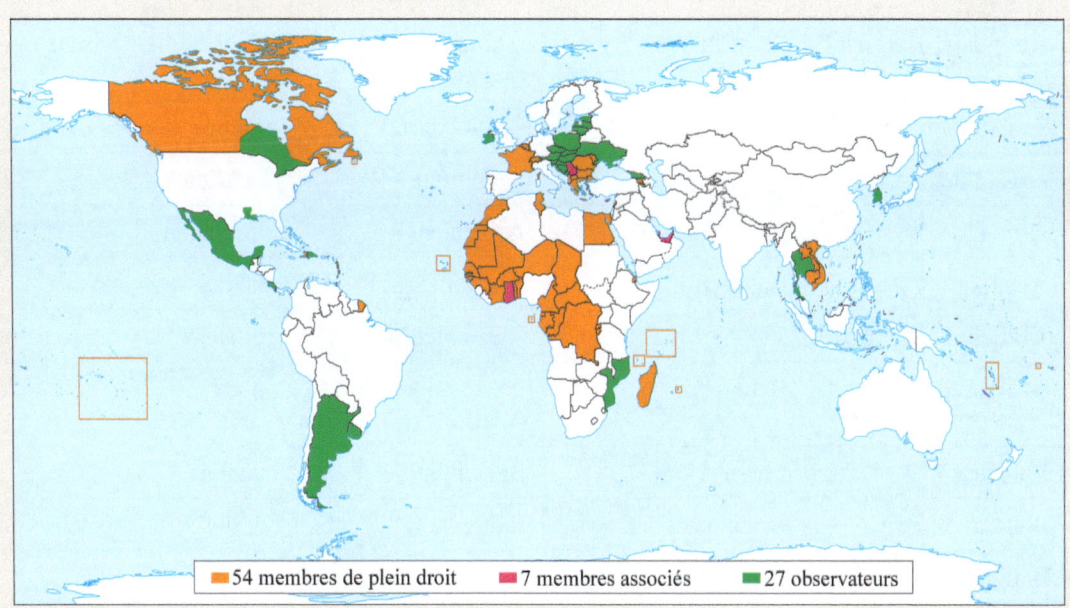

Date : 2020

Pays – Capitale – Gentilé – Langue(s) officielle(s)

Pays	Capitale	Gentilé	Langue(s) officielle(s)[1]
Afghanistan	Kaboul	Afghan(e)	pachtou, dari
Afrique du Sud	Prétoria (administrative) Le Cap (parlementaire) Bloemfontein (judiciaire)	Sud-Africain(e)	anglais, zoulou, xhosa, afrikaans, swazi, ndébélé, sotho du nord, sotho du sud, tswana, venda, tsonga-shangaan
Albanie	Tirana	Albanais(e)	albanais
Algérie	Alger	Algérien(ne)	arabe, amazighe
Allemagne	Berlin	Allemand(e)	allemand
Andorre	Andorre-la-Vieille	Andorran(e)	catalan
Angola	Luanda	Angolais(e)	portugais
Antigua-et-Barbuda	Saint John's	Antiguais(e)-et-Barbudien(ne)	anglais
Arabie saoudite	Riyad	Saoudien(ne)	arabe
Argentine	Buenos Aires	Argentin(e)	espagnol
Arménie	Erevan	Arménien(ne)	arménien
Australie	Canberra	Australien(ne)	anglais
Autriche	Vienne	Autrichien(ne)	allemand
Azerbaïdjan	Bakou	Azerbaïdjanais(e) / Azéri(e)	azéri
Bahamas	Nassau	Bahamien(ne)	anglais
Bahreïn	Manama	Bahreïnien(ne)	arabe
Bangladesh	Dacca	Bangladais(e)	bengali
Barbade	Bridgetown	Barbadien(ne)	anglais
Bélarus	Minsk	Bélarussien(ne) / Bélarusse	biélorusse, russe
Belgique	Bruxelles	Belge	français, néerlandais, allemand

[1] 部分国家的宪法并未对官方语言进行明确规定，因此本表中的统计包含部分事实上具有官方语言地位的语言，仅供学习者参考。

Pays	Capitale	Gentilé	Langue(s) officielle(s)
Belize	Belmopan	Bélizien(ne)	anglais
Bénin	Porto-Novo	Béninois(e)	français
Bhoutan	Thimphou	Bhoutanais(e)	dzongkha
Bolivie	La Paz (administrative) Sucre (constitutionnelle)	Bolivien(ne)	espagnol, quechua, aymara, etc. (36 langues indigènes)
Bosnie-Herzégovine	Sarajevo	Bosnien(ne)	bosnien, croate, serbe
Botswana	Gaborone	Botswanais(e) / Botsxwanéen(ne)	anglais, tswana
Brésil	Brasília	Brésilien(ne)	portugais
Brunei	Bandar Seri Begawan	Brunéien(ne)	malais
Bulgarie	Sofia	Bulgare	bulgare
Burkina Faso	Ouagadougou	Burkinabè (inv.) / Burkinabé (inv. en genre) / Burkinais(e)	français
Burundi	Gitega (politique) Bujumbura (économique)	Burundais(e)	kirundi, français
Cambodge	Phnom Penh	Cambodgien(ne)	khmer
Cameroun	Yaoundé	Camerounais(e)	anglais, français
Canada	Ottawa	Canadien(ne)	anglais, français
Cap-Vert	Praia	Cap-Verdien(ne)	portugais
Centrafrique	Bangui	Centrafricain(e)	français, sango
Chili	Santiago	Chilien(ne)	espagnol
Chine	Beijing	Chinois(e)	chinois
Chypre	Nicosie	Chypriote / Cypriote	turc, grec
Colombie	Bogotá	Colombien(ne)	espagnol
Comores	Moroni	Comorien(ne)	comorien, français, arabe
Corée du Sud	Séoul	Sud-Coréen(ne)	coréen

Pays	Capitale	Gentilé	Langue(s) officielle(s)
Costa Rica	San José	Costaricain(e) / Costaricien(ne)	espagnol
Côte d'Ivoire	Yamoussoukro (politique) Abidjan (économique)	Ivoirien(ne)	français
Croatie	Zagreb	Croate	croate
Cuba	La Havane	Cubain(e)	espagnol
Danemark	Copenhague	Danois(e)	danois
Djibouti	Djibouti	Djiboutien(ne)	arabe, français
Dominique	Roseau	Dominiquais(e)	anglais
Égypte	Le Caire	Égyptien(ne)	arabe
Émirats arabes unis	Abou Dhabi	Émirien(ne)	arabe
Équateur	Quito	Équatorien(ne)	espagnol
Érythrée	Asmara	Érythréen(ne)	tigrigna, arabe, anglais
Espagne	Madrid	Espagnol(e)	espagnol
Estonie	Tallinn	Estonien(ne)	estonien
Eswatini	Mbabane	Eswatinien(ne) / Swatinien(ne)	anglais, swati
États-Unis	Washington D. C.	Américain(e) / États-Unien(ne)	anglais
Éthiopie	Addis-Abeba	Éthiopien(ne)	amharique
Fidji	Suva	Fidjien(ne)	fidjien, anglais, hindi
Finlande	Helsinki	Finlandais(e)	finnois, suédois
France	Paris	Français(e)	français
Gabon	Libreville	Gabonais(e)	français
Gambie	Banjul	Gambien(ne)	anglais
Géorgie	Tbilissi	Géorgien(ne)	géorgien
Ghana	Accra	Ghanéen(ne)	anglais
Grèce	Athènes	Grec (Grècque)	grec
Grenade	Saint George's	Grenadien(ne)	anglais

Pays	Capitale	Gentilé	Langue(s) officielle(s)
Guatemala	Ciudad de Guatemala	Guatémaltèque	espagnol
Guinée	Conakry	Guinéen(ne)	français
Guinée-Bissau	Bissau	Bissau-Guinéen(ne)	portugais
Guinée équatoriale	Malabo	Équato-Guinéen(ne)	espagnol, français, portugais
Guyana	Georgetown	Guyanais(e) / Guyanien(ne)	anglais
Haïti	Port-au-Prince	Haïtien(ne)	français, créole haïtien
Honduras	Tegucigalpa	Hondurien(ne)	espagnol
Hongrie	Budapest	Hongrois(e)	hongrois
Îles Cook	Avarua	Cookien(ne)	anglais, maori des Îles Cook
Îles Marshall	Majuro	Marshallais(e)	marshallais
Îles Salomon	Honiara	Salomonais(e) / Salomonien(ne)	anglais
Inde	New Delhi	Indien(ne)	hindi, anglais
Indonésie	Jakarta	Indonésien(ne)	indonésien
Iran	Téhéran	Iranien(ne)	persan
Iraq / Irak	Bagdad	Iraquien(ne) / Irakien(ne)	arabe, kurde
Irlande	Dublin	Irlandais(e)	irlandais, anglais
Islande	Reykjavik	Islandais(e)	islandais
Israël	Jérusalem[2]	Israélien(ne)	hébreu
Italie	Rome	Italien(ne)	italien
Jamaïque	Kingston	Jamaïcain(e) / Jamaïquain(e)	anglais
Japon	Tokyo	Japonais(e)	japonais
Jordanie	Amman	Jordanien(ne)	arabe

[2] 以色列建国时首都初设在特拉维夫（Tel Aviv），后迁都耶路撒冷。1980 年 7 月，以议会通过法案，宣布耶路撒冷是以"永恒的与不可分割的首都"。阿拉伯国家对此一直有争议。目前，绝大多数同以有外交关系的国家将使馆设在特拉维夫及其周边城市。

Pays	Capitale	Gentilé	Langue(s) officielle(s)
Kazakhstan	Noursoultan	Kazakh(e) / Kazakhstanais(e)	kazakh, russe
Kenya	Nairobi	Kényan(e)	swahili, anglais
Kirghizistan	Bichkek	Kirghiz(e)	russe
Kiribati	Tarawa	Kiribatien(ne)	anglais
Koweït	Koweït	Koweïtien(ne)	arabe
Laos	Vientiane	Laotien(ne) / peuple lao	lao
Lesotho	Maseru	Lesothan(e)	anglais, sesotho
Lettonie	Riga	Letton(e) Letton(ne)	letton
Liban	Beyrouth	Libanais(e)	arabe
Libéria	Monrovia	Libérien(ne)	anglais
Libye	Tripoli	Libyen(ne)	arabe
Liechtenstein	Vaduz	Liechtensteinois(e)	allemand
Lituanie	Vilnius	Lituanien(ne)	lituanien
Luxembourg	Luxembourg	Luxembourgeois(e)	allemand, français, luxembourgeois
Macédoine du Nord	Skopje	Macédonien(ne)	macédonien
Madagascar	Antananarivo	Malgache	malgache, français
Malaisie	Kuala Lumpur	Malaisien(ne)	malais
Malawi	Lilongwe	Malawite / Malawien(ne)	anglais
Maldives	Malé	Maldivien(ne)	maldivien
Mali	Bamako	Malien(ne)	français
Malte	La Valette	Maltais(e)	maltais, anglais
Maroc	Rabat	Marocain(e)	arabe, amazighe
Maurice	Port-Louis	Mauricien(ne)	anglais, français
Mauritanie	Nouakchott	Mauritanien(ne)	arabe
Mexique	Mexico	Mexicain(e)	espagnol

续表

Pays	Capitale	Gentilé	Langue(s) officielle(s)
Micronésie	Palikir	Micronésien(ne)	anglais
Moldavie	Chisinau	Moldave	moldave
Monaco	Monaco	Monégasque	français
Mongolie	Oulan-Bator	Mongol(e)	mongol
Monténégro	Podgorica	Monténégrin(e)	monténégrin
Mozambique	Maputo	Mozambicain(e)	portugais
Myanmar	Nay Pyi Taw	Myanmarais(e) / Myanmarien(ne)	birman
Namibie	Windhoek	Namibien(ne)	anglais
Nauru	aucune (de jure) district de Yaren (de facto)	Nauruan(e)	nauruan, anglais
Népal	Katmandou	Népalais(e)	népali
Nicaragua	Managua	Nicaraguayen(ne)	espagnol
Niger	Niamey	Nigérien(ne)	français
Nigéria	Abuja	Nigérian(ne)	anglais
Niue	Alofi	Niuéen(ne)	niuéen, anglais
Norvège	Oslo	Norvégien(ne)	norvégien
Nouvelle-Zélande	Wellington	Néo-Zélandais(e)	anglais, maori
Oman	Mascate	Omanais(e)	arabe
Ouganda	Kampala	Ougandais(e)	anglais, swahili
Ouzbékistan	Tachkent	Ouzbek (Ouzbèke)	ouzbek
Pakistan	Islamabad	Pakistanais(e)	ourdou, anglais
Palaos	Melekeok	Palaosien(ne)	paluan / palaosien, anglais
Palestine	Jérusalem[3]	Palestinien(ne)	arabe
Panama	Panama	Panaméen(ne)	espagnol
Papouasie-Nouvelle-Guinée	Port Moresby	Papouan(e)-Néo-Guinéen(ne)	anglais

3　1988年11月，巴勒斯坦全国委员会第19次特别会议通过《独立宣言》，宣布耶路撒冷为巴勒斯坦国首都。目前巴勒斯坦总统府等政府主要部门均设在拉马拉（Ramallah）。

Pays	**Capitale**	**Gentilé**	**Langue(s) officielle(s)**
Paraguay	Asunción	Paraguayen(ne)	castillan, guarani
Pays-Bas	Amsterdam	Néerlandais(e)	néerlandais
Pérou	Lima	Péruvien(ne)	espagnol
Philippines	Manille	Philippin(e)	anglais, philippin
Pologne	Varsovie	Polonais(e)	polonais
Portugal	Lisbonne	Portugais(e)	portugais
Qatar	Doha	Qatari(e) / Qatarien(ne)	arabe
République démocratique du Congo	Kinshasa	Congolais(e)	français
République dominicaine	Saint-Domingue	Dominicain(e)	espagnol
République du Congo	Brazzaville	Congolais(e)	français
République populaire démocratique de Corée (RPDC)	Pyongyang	habitant(e) de la RPDC	coréen
République tchèque	Prague	Tchèque	tchèque
Roumanie	Bucarest	Roumain(e)	roumain
Royaume-Uni	Londres	Britannique	anglais
Russie	Moscou	Russe	russe
Rwanda	Kigali	Rwandais(e)	kinyarwanda, français, anglais, swahili
Sainte-Lucie	Castries	Saint-Lucien(ne)	anglais
Saint-Kitts-et-Nevis / Saint-Christophe-et-Niévès	Basseterre	Kittitien(ne)-et-Névicien(ne)	anglais
Saint-Marin	Saint-Marin	Saint-Marinais(e)	italien
Saint-Vincent-et-les-Grenadines	Kingstown	Saint-Vincentais(e) et Grenadin(e) / habitant(e) de Saint-Vincent-et-les-Grenadines	anglais

续表

Pays	Capitale	Gentilé	Langue(s) officielle(s)
Salvador / El Salvador	San Salvador	Salvadorien(ne)	espagnol
Samoa	Apia	Samoan(e)	samoan
Sao Tomé-et-Principe	Sao Tomé	Santoméen(ne)	portugais, sãotomense, principense
Sénégal	Dakar	Sénégalais(e)	français
Serbie	Belgrade	Serbe	serbe
Seychelles	Victoria	Seychellois(e)	créole, anglais, français
Sierra Leone	Freetown	Sierra-Léonais(e) / Sierra-Léonien(ne)	anglais
Singapour	Singapour	Singapourien(ne)	anglais, mandarin, malais, tamoul
Slovaquie	Bratislava	Slovaque	slovaque
Slovénie	Ljubljana	Slovène	slovène
Somalie	Mogadiscio	Somalien(ne)	somali, arabe
Soudan	Khartoum	Soudanais(e)	arabe
Soudan du Sud	Djouba	Soudanais(e) du Sud / Sud-Soudanais(e)	anglais
Sri Lanka	Sri Jayawardenapura Kotte	Sri(-)Lankais(e)	cinghalais, tamoul
Suède	Stockholm	Suédois(e)	suédois
Suisse	Berne	Suisse	allemand, français, italien, romanche
Suriname	Paramaribo	Surinamien(ne) / Surinamais(e)	néerlandais
Syrie	Damas	Syrien(ne)	arabe
Tadjikistan	Douchanbé / Douchanbe	Tadjik(e)	tadjik
Tanzanie	Dodoma[4]	Tanzanien(ne)	swahili, anglais

[4] 坦桑尼亚原首都为达累斯萨拉姆（Dar es-Salaam），坦迁都至多多马计划正在进行中，目前外国驻坦使馆仍在达累斯萨拉姆。

Pays	Capitale	Gentilé	Langue(s) officielle(s)
Tchad	N'Djamena	Tchadien(ne)	français, arabe
Thaïlande	Bangkok	Thaïlandais(e)	thaï
Timor oriental / Timor-Leste	Dili	Est-Timorais(e)	tétoum, portugais
Togo	Lomé	Togolais(e)	français
Tonga	Nuku'alofa	Tongien(ne)	tongien, anglais
Trinité-et-Tobago	Port d'Espagne	Trinidadien(ne)	anglais
Tunisie	Tunis	Tunisien(ne)	arabe
Turkménistan	Achgabat	Turkmène	turkmène
Turquie	Ankara	Turc (Turque)	turc
Tuvalu	Funafuti	Tuvaluan(e)	anglais, tuvaluan
Ukraine	Kiev / Kyïv	Ukrainien(ne)	ukrainien
Uruguay	Montevideo	Uruguayen(ne)	espagnol
Vanuatu	Port-Vila	Vanuatuan(e) / Vanouatais(e)	anglais, français, bichelamar
Vatican	Cité du Vatican	Vatican(e)	italien, latin
Venezuela	Caracas	Vénézuélien(ne)	espagnol
Vietnam	Hanoï	Vietnamien(ne)	vietnamien
Yémen	Sanaa	Yéménite	arabe
Zambie	Lusaka	Zambien(ne)	anglais
Zimbabwe	Harare	Zimbabwéen(ne)	anglais, chewa, chibarwe, kalanga, khoïsan, nambya, ndau, ndebele, shangani, shona, langue des signes zimbabwéenne, sotho, tonga, tswana, venda, xhosa

Corrigés

Unité 1
Leçon 1
II. (P. 5)

1. 法语属于拉丁语系，其语法及大部分词汇均来源于自罗马高卢时代演变而成的拉丁语民间口语形式。

2. 法语（尤其是那种能为大众所理解的法语）的推广在很大程度上是与王权和王法在法国的发展成正比的。

3. 黎塞留设想的这一机制十分完美，以至于几百年来未有大的变动：考虑到政权直接干涉语言的发展必然会导致滥权现象，他设立了一个类似最高法院的独立机构，由该机构对语言的使用进行记录、确认和规范。

4. 17、18世纪的法兰西王国正处于兴盛辉煌时期，其文化堪称精美绝伦，而经法兰西学术院及其语法学家们精雕细琢的法语正日趋完善，外加新教徒对外移民带来的不可忽视的影响，这些使得法语很快便风行海外。

Leçon 2
II. (P. 10)

1. 讲法语的人是指"所有那些将要或看起来将要继续使用我国语言，或者成为我国语言使用者的人"。

2. 在桑戈尔看来，法语国家与地区是"遍布全球的、彻底的人道主义，是所有大陆和种族中尚未觉醒的力量的结合体，而这些大陆和种族将要在相互关怀中苏醒"。

3. 第三阶段的法语国家与地区，即21世纪的法语国家与地区，是全球化进程中起平衡作用的一极，是文化全球化的积极参与者。

4. 它是一个"地缘文化联盟"，是一个有组织的、横向的文化机构，由说同一种语言的国家和政府组成。它致力于开展第三种对话，即文化间的对话，以缓和不同文明间的冲突。

5. 随着法语国家与地区第三阶段的发展，后殖民性质的共同体已演变为全球性的跨文化对话与交流共同体；人们已不再纠结于过去，而是积极投身于未来和全球化之中，彻底告别了有关殖民的论题。

Quiz (P. 12)

| 1-5： BAACA | 6-10： ABBAB | 11-15： BBBCC |
| 16-20： AABAB | 21-25： CAACA | 26-30： BBCAA |

Unité 2
Leçon 3
II. (P. 19)

1. （为此）需要说服王国的另外两个大区。全国薯条店主联盟解释说："向联合国教科文组织提交这个申请的前提是全国人民都承认薯条的这一地位。"

2. 在本周一开幕的薯条周活动上,人们以"为比利时薯条团结起来"的名义发起请愿。

3. 如果比利时能够说服联合国教科文组织,那么比利时人的薯条便可与早在 2010 年即已获非物质文化遗产称号的"法国美食"相媲美了。

4. 比利时要求其世界第一土豆制品生产商的地位得到认可。

Leçon 4
II. (P. 25)

1. Faux
2. Faux
3. Vrai
4. Vrai
5. Vrai
6. Vrai
7. Faux
8. Vrai

Leçon 5
II. (P. 31)

1. Faux
2. Vrai
3. Faux
4. Faux
5. Faux
6. Faux

Quiz (P. 33)

1-5: BCBAA	6-10: BBCCA	11-15: BABAB
16-20: AAABA	21-25: BBBAC	26-30: AACBA

Unité 3
Leçon 6
II. (P. 42)

1. 但埃马纽埃尔·马克龙却毫无负罪之感,并拒绝"陷入毫无建设意义的愧疚文化之中"。

2. 谁都不认为法国对阿尔及利亚的殖民是旨在造福阿尔及利亚人民的"教化之举"。

3. 阿尔及利亚与法国承诺共建一种互惠的特殊伙伴关系,这一关系将在承认历史事实的基础上,变得祥和且富有活力。

Leçon 7
II. (P. 49)

1. 晚上 10 点,其长子穆罕默德王储,身着传统服饰,带着未剃的胡子,神情凝重地通过电视宣布了这位统治摩洛哥长达 38 年之久的国王去世的消息。

2. 在他还是王储的时候，穆罕默德六世的行事便极为谨慎低调，他不愿接触国内外媒体，也极少在公共场合讲话。他这种既刚强又朴实的性格显然遗传自他的柏柏尔族母亲，同时也让人想起他的祖父、前国王穆罕默德五世。

3. 在此背景下，2000 年 3 月，穆罕默德六世将法国选作自己首次出访的对象国，以表明 / 凸显对其的偏爱，之后才于同年 6 月出访美国。

4. 摩洛哥王国希望通过巴黎叩开欧盟的大门，从而解决本国有关农业、渔业或移民（主要是签证）方面的问题。

Leçon 8
II. (P. 56)

1. Faux   2. Vrai   3. Faux
4. Faux   5. Faux

Quiz (P. 58)

| 1-5：AACAB | 6-10：ABCAC | 11-15：BABAB |
| 16-20：AABAA | 21-25：CBABA | 26-30：BAABB |

Unité 4
Leçon 9
II. (P. 66)

1. 一些女性社团及组织不断揭露现代科特迪瓦社会中的女性地位问题，其中主要涉及女性在政治机构和经济领域地位低下、待遇不公以及遭受暴力等问题。此外还有教育性别平等的问题。

2. 巴乌莱族人生活在科特迪瓦中部，是该国 70 个部族中的一个。族中流传着一个与萨卡苏的巴乌莱王国乃至整个巴乌莱民族的缔造者，即著名的阿布拉·珀库王后有关的传说。

3. 该族（指讷里族）人认为，宇宙的创造分为三个阶段。在第　阶段中，首先创造出了物质，有了陆地、河流及五种神秘动物：犀鸟，这是科霍戈地区雕刻类艺术作品最常见的形象之一；变色龙，在尼日利亚约鲁巴人有关创造大地的传说中也有此动物；蛇，也见于贝宁丰族的民间故事中；还有鳄鱼及乌龟。

4. 妇女身份、地位的消极发展态势反映出该国教育制度的退步，同时在很大程度上也说明了其社会各组成部分的功能未能实现完美平衡和统一。

Leçon 10
II. (P. 71)

1. Vrai   2. Faux   3. Faux

4. Faux   5. Faux

Leçon 11
II. (P. 77)

1. 军方承诺不参加下届总统选举，并将设置一整套机构来帮助恢复宪法秩序。

2. 同时，他致力于城市现代化建设，通过设立由主要城市轮流组织共和国国庆活动的制度，使它们能够从一些大型城市化建设工程中获益。他还致力于修建道路和学校基础设施，同时努力加强军队建设以应对不安全的地区局势。

3. 但这一想法却被国民议会主席理解成是总统耍的一个手腕，旨在一方面削弱其政党在多数派中的力量，另一方面安抚反对派，以便为 2016 年总统大选缔结必不可缺的联盟。

Leçon 12
II. (P. 83)

1. 与哈吉·奥马尔·福提欧·塔勒领导的运动同时达到巅峰的"圣战"范式如今已渐渐消退，但某种苏菲神秘主义的风气却仍渗透在这一地区人们的生活中。

2. 同龄社团内部的男女配对纯粹是柏拉图式的，因为按照常规，男孩是不能迎娶同龄女孩的（因为女孩被认为比男孩更成熟）。

3. 上学不仅使得男孩女孩见面的机会增多，而且还让诸如同龄社团等集体的存在显得不合时宜，因为男女交往越来越不再遵循年龄或性别的划分机制，而更多地要看彼此之间培养的感情。

4. 村子里场地有限，社会监管尤其到位，为避免引起大人们的警觉，年轻人从此都不在大白天约会，而改用手机交流。

5. 因此，写信并不意味着可以畅所欲言。远离家乡的人在写信时，一般都会想着这封信可能的读者会有谁。

Quiz (P. 85)

| 1-5： | BAACA | 6-10： | CABAC | 11-15： | ABAAC |
| 16-20： | ACAAA | 21-25： | BCBCA | 26-30： | CBACC |

Unité 5
Leçon 13
II. (P. 94)

1. 喀麦隆位于几内亚湾深处，南邻加蓬和赤道几内亚，与乍得接壤，并与尼日利亚和中非共和国毗邻而居。

2. 当地人都是姆沃日－滕－姆巴拉这个大家族的后代，他们在城里分散居住，正面临地盘越来越小、语言难以为继的困境。

3. 虽然雅温得人在自己的土地上分散了，但他们作为当地人的本质并没有变，且始终是这座城市最主要的民族，只是他们并非均匀分布在各个街区，在某些街区他们所占的人口比例极少。

4. 通过对原因进行分析发现，这一地理语言学的冲突是喀麦隆语言濒临灭绝所造成的正常现象，它导致中介语言被大量使用，而法语成为最大的受益者。

Leçon 14
II. (P. 100)

1. 建成日期尚不得而知的英加大坝将位于距离金沙萨 380 公里处的刚果河上。那里目前已有两座水坝：英加 1 号和英加 2 号，分别修建于 20 世纪 70 年代和 20 世纪 80 年代，且都在低负荷运行。

2. 这足以改变该地区的能源供应局面，因为其所生产的能源可销往南非、尼日利亚，甚至更北的埃及，在理论上将可满足非洲大陆 40% 的能源需求。

3. 在第一阶段，刚果河支流崩迪河将淹没 22 000 公顷土地，用以驱动被称为"英加 3 号"的未来第一巨型大坝的 11 个涡轮机，预计初期发电能力 4 800 兆瓦，随后增至 7 800 兆瓦。

Leçon 15
II. (P. 106)

1. 与世界各国相似，乍得在历史上既发生过大规模移民，也爆发过为争夺生存或权力空间的战争。

2. 在距离恩贾梅纳 800 公里的朱拉卜沙漠（乍得北部）的沙丘地带，一支由法国和乍得两国组建的古人类学考古分队，在炙烤如火炉的沙漠中辛苦工作多日后，终于发现了一个头盖骨。

3. 他的利益很快便与法国的利益不谋而合，因为后者也对乍得的未来感兴趣。

4. 殖民时期，法国主要以乍得南部地区为据点，那里的人们被迫种植棉花，并开始信奉基督教。

Leçon 16
II. (P. 112)

1. 为使组织者们能通宵达旦地进行各项准备工作，新郎整晚都得做好主持和保障工作。

2. 新郎介绍说："为了这两天的盛宴，我宰了两只肥猪、一头牛，用掉了 250 公斤纯马达加斯加红米。为了让这些食物口感坚实、有嚼头，烹饪的时间不能过长，目的是让宾客们即使吃上几个小时胃口也不减。"

3. 在这个阶段，男方演讲者必须做到巧言善辩，以避免一切可能的陷阱，机智灵活地回答女方代言人提出的各类问题。

4. 只有当客人们在院子里尽情舞蹈，弄得满身是土，并一直畅饮至破晓时分，村里的人们才会宣布婚礼成功。

Quiz (P. 114)

1-5： BCCAA	6-10： CABCA	11-15： BACAB
16-20： ACCBC	21-25： CBAAB	26-30： CABAC

Unité 6
Leçon 17
II. (P. 122)

1. 可以说，领土、法语和圣劳伦斯河是魁北克的三大地理和历史基石，至今它们依然在影响着魁北克的面貌、命运及前进的步伐。

2. 魁北克人中有一大部分是法国人的后裔，他们是加拿大两大主要民族之一（另一个民族则是英国人的后裔）。

3. 除法语外，加拿大还拥有大约 80 种语言。这种文化多样性被视作是该国独一无二的王牌。如蒙特利尔便是一座独具特色的国际性大都市，已成为文化交流的中心。

4. 另外，一些源自法语的称呼也时刻都在证明法国探险者曾经到过北美，甚至到过美国中西部地区、新英格兰地区或密西西比河流域。

Leçon 18
II. (P. 128)

1. 2018 年，海地拥有大约 1 140 万人口，其中的绝大多数，即 95%，都是黑奴的后代，其余的则是黑人与白人的混血儿（即非洲人和法国人的混血儿）。

2. 然而，虽然安的列斯群岛上（如马提尼克）讲克里奥尔语的居民和印度洋上（如留尼旺岛）讲克里奥尔语的居民互相之间几乎听不懂，或者即使听懂也很有限，但这两个地区的方言却有着与众不同的共同点，让人毫不怀疑它们源自同一种语言，即 17、18 世纪殖民者的语言。

3. 正是这一观察结果使得海地语言学家、语法学家普拉岱尔·蓬皮昂斯（1914—2000）于 1973 年在其名为《以海地克里奥尔语为基础的法语与克里奥尔语之比较研究》一书中断言："法语不是我们的母语。对我们大部分人来说，我们的情感生活语言、内心生活语言和日常生活语言是与法语既近又远的方言——克里奥尔语。"

Quiz (P. 130)

1-5： BAAAB	6-10： ABBAC	11-15： CABAB
16-20： ACABC	21-25： CBAAC	26-30： ACAAB

Remerciements

特别感谢为本书提供精美图片的同事、学生和朋友们

（按照姓名音序排序）

姓名	图片说明
GAZIBO Mamoudou	La Mosquée d'Agadez
MOUHTAINE Ahmed	Chefchaouen
柏一帆	La tour Eiffel, L'Hôtel de ville, La Grande Poste d'Alger, Le Mémorial du Martyr d'Alger
方圣兰	Un village berbère, Ouarzazate
高晨翔	Sahara (couverture), Les Arcades du Cinquantenaire, La Cour de Justice de l'Union européenne, Le siège de l'ONU à Genève, Lucerne
韩锦飞	L'avenue des Baobabs, Morondava
李洪峰	Carthage, Dougga, La Rose de sable
李慧宁	Lausanne, Une boutique de Marrakech, La ruelle de Chefchaouen
李臻	La gare de Pointe-Noire, La vie du village
单志斌	Le Château Frontenac
邵南	Waterloo au crépuscule
苏晓楠	Chez un artisan, Une vue d'Antananarivo
唐溪源	Une vue de Yaoundé, Au Royaume bamoun
魏志娟	La basilique de Notre Dame de la Paix de Yamoussoukro, Les lycéennes, Les cacaoyers
杨挺	Le Pont d'Adolphe
杨亚楠	Une rue bordée de Jacaranda
杨梓嘉	La Gare de Luxembourg
易凯	Le fleuve Niger (2 photos)
张海青	Le Palais Sans Souci, Un marché de peinture au bord de la rue, Une vue de la ville
张迎旋	Une friterie belge
赵启琛	La ville de Montréal
甄权铨	Une vue de Dakar, Le plus grand baobab du Sénégal, La lutte traditionnelle du Sénégal
朱立英	Deux pêcheurs au travail, Un petit footballeur